Berlin Tam 11/2008

Der Autor

Dr. Joseph Murphy (1898–1981) war Doktor der Philosophie, der Religionswissenschaften und der Rechte. Als international anerkannter Lehrer, Autor und Dozent verbreitete er seine Vorstellung vom positiven Denken aus christlicher Gotteserkenntnis. Er gilt als einer der profiliertesten Religionswissenschaftler der USA. Seine Bücher wurden in mehr als dreißig Sprachen übersetzt und begeistern noch heute Millionen Leser in aller Welt.

Von Joseph Murphy sind in unserem Hause erschienen
Das Erfolgsbuch
Werde reich und glücklich
Dein Recht auf Glück
Die Wahrheiten für ein perfektes Leben
Die Macht Ihrer Wünsche
Die Macht der Suggestion

Wie man an sich selbst glaubt (Allegria)
Wie uns die Liebe heilt (Allegria)

Schule des positiven Denkens – Für den Wohlstand und Erfolg
Schule des positiven Denkens – Für das richtige Selbstbewusstsein
Schule des positiven Denkens – Für Gesundheit und Vitalität
Schule des positiven Denkens – Für ein erfülltes Leben
Schule des positiven Denkens – Für die Freiheit von Angst
Schule des positiven Denkens – Für ein Leben mit Gott

Dr. Joseph Murphy

Schule des positiven Denkens –

Für die Freiheit von Angst

Aus dem Amerikanischen von
Gabriel Stein

Ullstein

Besuchen Sie uns im Internet:
www.ullstein-taschenbuch.de

Ullstein Esoterik
Herausgegeben von Michael Görden

Aus dem Amerikanischen übersetzt von Gabriel Stein
Titel des Originalmanuskriptes
MAXIMIZE YOUR POTENTIAL
TO OVERCOME FEAR AND WORRY

Umwelthinweis:
Dieses Buch wurde auf chlor- und säurefreiem Papier gedruckt.

Deutsche Erstausgabe im Ullstein Taschenbuch
1. Auflage Oktober 2006

Umschlaggestaltung: FranklDesign, München
Titelabbildung: www.leeladhar.com
Gesetzt aus der Optima
Satz: hanseatenSatz-bremen, Bremen
Druck und Bindearbeiten: GGP Media GmbH, Pößneck
Printed in Germany
ISBN-13: 978-3-548-74306-6
ISBN-10: 3-548-74306-4

Inhalt

Einführung

Wache auf und lebe! Niemand ist dazu bestimmt, unglücklich zu sein, sich vor Angst und Sorge zu verzehren, in Armut zu leben, bei schlechter Gesundheit zu sein und sich zurückgewiesen und minderwertig zu fühlen. Gott hat alle Menschen nach seinem Bild erschaffen und uns die Macht verliehen, Missgeschicke zu überwinden und Glück, Harmonie, Gesundheit und Wohlstand zu erlangen.

Du hast in dir die Macht, dein Leben zu bereichern! Wie dies gelingen kann, ist kein Geheimnis. Seit Jahrtausenden wird darüber geschrieben, wird es gepredigt und praktiziert. Du findest es in den Büchern der alten Philosophen. Alle großen Religionen haben darüber berichtet. Es steht in den hebräischen Schriften, in den Evangelien der Christen, im Koran der Muslime, in den Sutras der Buddhisten, der Bhavadgita der Hinduisten und in den Schriften von Konfuzius und Laotse. Du findest es auch in den Werken der modernen Psychologen und Theologen.

Das ist die Grundlage der Philosophie von Dr. Joseph Murphy, einem großen inspirierten Schriftsteller und Prediger des zwanzigsten Jahrhunderts. Er war nicht nur Pfarrer, sondern auch eine herausragende Autorität auf dem Gebiet der modernen Interpretation religiöser Schriften. Als Geistlicher und Leiter der Church of Divine Science in Los Angeles – der Kirche der Wissenschaft von Gott – hielt er jeden Sonntag Vorträge und Predigten hielt er vor 1300 bis 1500 Menschen. Millionen lauschten seiner täglichen Radiosendung. Er schrieb über dreißig Bücher. Sein berühmtestes Buch *Die Macht Ihres Unterbewusstseins* erschien erstmals 1963 und wurde auf Anhieb ein Bestseller. Es gilt als eines der besten Selbsthilfebücher, die jemals geschrieben wurden, wurde allein in Deutschland zwei Millionen Mal verkauft und wird noch immer überall auf der Welt vertrieben.

Nach dem Erfolg dieses Buches hielt Dr. Murphy vor Tausenden von Menschen in mehreren Ländern Vorträge. In diesen Vorträgen schilderte er, wie normale Menschen ihr Leben grundlegend verbessert haben, indem sie sich bestimmte Aspekte seiner Konzepte zu eigen machten, und stellte praktische Anleitungen zur Verfügung, wie alle Menschen ihr Leben bereichern können.

Dr. Joseph Murphy war ein Befürworter der New Thought-Bewegung. Zahlreiche Philosophen und Denker, die dieses Phänomen studierten und eine neue

Sichtweise des Lebens predigten, darüber schrieben und sie auch praktizierten, entwickelten diese Bewegung im ausgehenden neunzehnten und beginnenden zwanzigsten Jahrhundert. Indem sie metaphysische, spirituelle und pragmatische Herangehensweisen an die Art, wie wir denken und leben, kombinierten, offenbarten sie das Geheimnis, wie wir das erlangen können, wonach wir uns wirklich sehnen.

Diese Philosophie war keine Religion im traditionellen Sinn, beruhte aber auf dem bedingungslosen Glauben an ein höheres Wesen, an eine ewige Gegenwart, Gott. Sie wurde bei verschiedenen Namen genannt, wie »New Thought« und »New Civilization« – Neues Denken und Neue Zivilisation.

Die Anhänger des New Thought oder der New Civilization predigten eine neue Sicht des Lebens, die neue Methoden erfordert und bessere Ergebnisse hervorbringt. Ihre Überlegungen beruhten auf der Vorstellung, dass die menschliche Seele mit dem atomaren Geist der universellen Substanz verbunden ist, die unser Leben wiederum mit dem universellen Gesetz der Versorgung verbindet, und dass wir die Macht und Größe haben, dieses Gesetz anzuwenden, um unser Leben zu bereichern. Um unsere Ziele zu erreichen, müssen wir an ihnen arbeiten, und bei dieser Arbeit gehen wir durch die Kümmernisse und Fährnisse des Menschseins. Wir sind zu all diesen Dingen aber nur dann in der Lage, wenn wir ein Verständnis für dieses Gesetz entwickelt haben, das Gott anscheinend irgendwann einmal in Rätseln niedergeschrieben hat.

Das Konzept des New Thought lässt sich in den Worten zusammenfassen: *Du kannst werden, was du sein willst.*

Alles, was wir erreichen, und alles, was wir nicht erreichen, ist das unmittelbare Ergebnis unseres Denkens. In einem geordneten Universum, in dem der Verlust des Gleichgewichts die völlige Zerstörung bedeuten würde, muss die Verantwortung des Einzelnen absolut sein. Unsere Stärken und Schwächen, unsere Reinheit und Unreinheit gehören allein uns und niemandem sonst. Sie werden von uns herbeigeführt und von niemandem sonst. Nur wir selbst können etwas ändern und niemand sonst. All unser Glück und all unser Leid entwickelt sich aus uns heraus. Wie wir denken, so sind wir; wie wir weiterdenken, so bleiben wir. Die einzige Art, wie wir uns erhöhen, von etwas Besitz ergreifen und etwas erreichen können, besteht darin, unsere Gedanken zu erhöhen. Der einzige Grund, weshalb wir schwach, niedrig und erbärmlich bleiben könnten, besteht in der Weigerung, unsere Gedanken zu erhöhen.

Alle Leistungen, ob in der Geschäftswelt, auf intellektuellem oder spirituellem Gebiet, sind zweifelsfrei das Ergebnis gerichteten Denkens und verdanken sich demselben Gesetz und derselben Methode; wer wenig erreichen will, muss wenig opfern; wer etwas vollbringen will, muss viel opfern; wer sich eine Menge vorgenommen hat, muss zahlreiche Opfer bringen.

Neues Denken bedeutet auch neues Leben: ein Leben, das in jeder erdenklichen Hinsicht gesünder, glücklicher und erfüllter ist.

Das »Neue Leben« beruht auf uralten, universellen Gesetzen des Geistes und der unendlichen Spiritualität im Herzen und im Geist eines jeden.

Eigentlich ist am New Thought nichts neu, denn es ist so alt und ehrwürdig wie die Menschheit selbst. Es ist nur neu für uns, die Wahrheiten des Lebens zu entdecken, die uns von Mangel, Begrenzung und Unglück befreien. In diesem Moment wird New Thought zu einem erneut einsetzenden, sich ausdehnenden Bewusstsein unseres göttlichen Potenzials, das es uns erlaubt, unsere individuellen und natürlichen Fähigkeiten, Begabungen und Talente stärker zu leben und zum Ausdruck zu bringen. Zentral für dieses geistige Prinzip ist, dass neue Gedanken, Ideen, Vorstellungen und Überzeugungen auch neue Bedingungen erschaffen. Wie Jesus einst sagte: »Was ihr in eurem Vertrauen von mir erwartet, soll geschehen.« (Matthäus 9, 29) Das Wesen des New Thought besteht in der fortwährenden Erneuerung unseres Geistes, damit wir prüfen können, was gut und was schlecht ist und was der vollkommene Wille Gottes.

Eine Prüfung dient dazu, sich Gewissheit zu verschaffen, zuverlässige Kenntnis von etwas zu gewinnen und entsprechende Erfahrung. Die Wahrheiten des New Thought sind praktisch anwendbar, leicht zu demonstrieren, und sie liegen in einem Bereich, der jedermann zugänglich ist – wenn er oder sie diese Wahl trifft.

Alles, was dazu erforderlich ist, sind ein offener Verstand und ein bereitwilliges Herz: offen dafür, alte Wahrheiten zu vernehmen, die auf neue und andere Weise präsentiert werden, bereitwillig, alte, überholte Überzeugungen zu ändern und aufzugeben und neue Ideen und Konzepte anzunehmen – eine höhere Vision vom Leben zu haben und die heilende Gegenwart in sich zu spüren.

Der ganze Sinn und Zweck des New Thought ist die Erneuerung unseres Verstandes. Ohne diese ständige tägliche Erneuerung kann es keine Veränderung geben. Das New Thought begründet eine vollkommen neue Einstellung und ein neues Bewusstsein, das uns inspiriert und befähigt, in den »Überfluss des Lebens« einzutreten.

Wir haben in uns die grenzenlose Macht, zu wählen und Entscheidungen zu treffen, und die vollkommene Freiheit, diese Entscheidungen auch umzusetzen. Wir können uns transformieren lassen, d. h. nach dem leben, was schon eine Form angenommen oder bekommen hat – die für unsere Sinne, Vorstellungen, Überzeugungen und die Verfügungen anderer sichtbar und offenkundig ist. Transformation bedeutet außerdem, »nach den flüchtigen und instabilen Gegebenheiten und Bedingungen des Augenblicks« zu leben und sich davon beherrschen zu lassen. Unsere derzeitige Umgebung hat eine Form, deren Existenz wir weder leugnen können noch sollten. Überall um uns herum gibt es Ungerechtigkeit, Unsittlichkeit und Ungleichheit. Wir können in sie verwickelt werden, und manchmal stellen wir fest, dass dies auch geschieht; dann sollten wir uns diesen Situationen tapfer und aufrichtig stellen und unser Bestes geben, sie mit dem Anstand und der Intelligenz, die wir inzwischen besitzen, zu lösen.

Wir nehmen gewöhnlich an, dass unsere Umgebung die Ursache unseres augenblicklichen Zustands und der Umstände ist, in denen wir uns befinden – die Tendenz geht dahin, in einen Zustand der Nachgiebigkeit und stillen Akzeptanz der Gegenwart abzudriften. Das ist Anpassung von der schlimmsten Sorte: das selbst herbeigeführte defätistische Bewusstsein. Man übergibt alle Macht und Aufmerksamkeit an den äußeren, manifestierten Zustand. An die Außenwelt, das Umfeld und – durch bewusste Wahl und Entscheidung – auch an die Vergangenheit, und zwar auf Grund des fehlenden Wissens um die Funktionsweise unserer wundervollen und grundlegenden Fähigkeiten: dass die schöpferische Macht des Geistes und die Vorstellungskraft unmittelbar im Dienst unserer Ziele und Bestrebungen stehen. New Thought beharrt auf der Erneuerung des Geistes und der Anerkennung und Würdigung unserer Verantwortung im Leben – unserer Fähigkeit, auf die einmal erkannten Wahrheiten zu reagieren.

Einer der aktivsten und effektivsten Lehrer des New Thought, Charles Fill, Mitbegründer der Unity School oder Christianity (Schule der Einheit oder des Christentums), glaubte fest an die persönliche Verantwortung. In seinem Buch *The Revealing Word* (Das offenbarende Wort) schrieb er: »Unser Bewusstsein ist unsere wahre Umgebung. Die äußere Umgebung entspricht stets unserem Bewusstsein.«

Jeder, der offen und bereit ist, die Verantwortung zu übernehmen, hat mit der Transformation schon begonnen – der Erneuerung des Geistes, die es uns ermöglicht, an unserem transformierten Leben teilzunehmen. »Transformieren« heißt: »Von einem Zustand in einen anderen übergehen«, der qualitativ besser und erfüllender ist, »vom Mangel zum Überfluss, vom Alleinsein zur Gesellschaft, von der Begrenzung zur Fülle, von der Krankheit zu strahlender Gesundheit« – durch diese innewohnende Weisheit und Macht wird die heilende Gegenwart in dir Bestand haben.

»Zugegeben, es gibt Dinge, die kann man nicht verändern: die Bewegung der Planeten, den Wechsel der Jahreszeiten, die Gezeiten der Ozeane und das vermeintliche Auf- und Untergehen der Sonne. Wir können auch den Verstand und die Gedanken einer anderen Person nicht verändern – aber wir können uns *selbst* ändern. Wer kann die Bewegung deines Geistes, deine Vorstellungskraft und deinen Willen einschränken oder verhindern? Einzig du kannst einem anderen diese Macht verleihen. Die Erneuerung deines Verstandes kann dich transformieren.«

Das ist der Schlüssel zu einem neuen Leben. Dein Verstand ist ein Aufzeichnungsgerät, und alle Überzeugungen, Eindrücke, Meinungen und Ideen, die du akzeptierst, werden deinem tieferen, unbewussten Verstand eingeprägt. Und du kannst an deinem Verstand arbeiten. Du kannst beginnen, ihn mit edlen und gottgleichen Gedankenmustern zu füllen und dich auf den unendlichen himmlischen Geist in dir einzustimmen. Nimm für dich Schönheit, Liebe, Frieden, Weisheit und schöpferische Ideen in Anspruch, dann wird das Unendliche entsprechend reagieren und deinen Verstand, Körper und die Umstände transformieren. Dein Denken ist der Mittler zwischen deinem Geist und deinem Körper und dem atomaren Geist der universellen Substanz.

Die Transformation nimmt ihren Anfang, wenn wir

Qualitäten in unsere Denkungsart aufnehmen, über sie meditieren und nachdenken, die wir sehnlichst erfahren und zum Ausdruck bringen möchten. Theoretisches Wissen ist gut und notwendig. Wir sollten wissen, was wir tun und aus welchem Grund. Aber wahre Transformation hängt vollkommen davon ab, dass die Begabungen in uns geweckt werden – die unsichtbare und ungreifbare spirituelle Macht, die jedem von uns voll und ganz zur Verfügung steht.

Dies und nur dies allein zertrennt letzten Endes die sehr realen Ansprüche und Fesseln vergangenen Unglücks und vergangener Not und löst sie auf. Zusätzlich heilt es die Wunden derer, die an gebrochenem Herzen und emotionalem Schmerz leiden. Wir alle sehnen uns nach Seelenruhe – der größten Begabung – und benötigen sie auch, um sie auf unsere Umgebung zu übertragen. Versenke dich geistig und gefühlsmäßig in göttlichen Frieden, der unseren Geist und unser Herz erfüllt und unser ganzes Wesen. »Sagt zuerst: ›Frieden sei mit diesem Haus!‹« (Lukas 10, 5)

Versenkst du dich in fehlenden Frieden, Disharmonie, Unglück und Zwietracht und erwartest, dass sich nun Frieden einstellt, ist das genauso, als würdest du erwarten, dass aus einem Apfelgehäuse eine Birne heranwächst. Es ergibt wenig oder gar keinen Sinn; es widerspricht jeglicher Vernunft. Aber so ist der Lauf der Welt.

Um zum Ziel zu gelangen, müssen wir nach Möglichkeiten suchen, in den Bereichen, in denen es nötig ist, eine Bewusstseinsveränderung herbeizuführen – Buße zu tun. Dadurch werden sich als natürliches Resultat Erneuerung und Transformation einstellen. Es ist erstrebenswert und unabdingbar, unser Leben zu transformieren, indem wir aufhören, uns der Art und Weise anzupassen, wie die Welt Entscheidungen fällt und ihre Wahl trifft. Wir müssen anfangen, die Ursache hinter dem physischen Ereignis zu bestimmen – die von Menschenhand geschaffenen Doktrinen, Dogmen und Rituale –, um in das innere Reich des metaphysischen, wahren New Thought einzutreten.

Das Wort *metaphysisch* ist zu einem Synonym für die moderne, organisierte Bewegung geworden. Es wurde als Erstes von Aristoteles benutzt. Von vielen als seine größte Schrift betrachtet, gab er dem dreizehnten Band seiner Werke den schlichten Titel *Metaphysik*. Das Lexikon definiert dieses Wort so: »über die Natur hinausgehend; die Lehre vom reinen Sein.« *Meta* heißt »hinter«. Metaphysik bedeutet deshalb »hinter der Physik«, »hinter der Materie« – der Welt der Form. *Meta* geht darüber hinaus, *meta* ist die Vorstellung. Hinter allem ist *meta* – der Geist.

Biblisch gesprochen ist der Geist Gottes das Gute. »Gott ist machtvoller Geist, und alle, die ihn anbeten wollen, müssen vom Geist der Wahrheit erfüllt sein.«

(Johannes 4, 23–24) Sind wir vom Geist der Güte, von Wahrheit, Schönheit, Liebe und Wohlwollen erfüllt, wohnt Gott in uns und handelt durch uns. Gott, Wahrheit, Leben, Energie, Geist – lässt sich das nicht definieren? Wie kann man es definieren? »Definieren heißt begrenzen.«

Das drückt sich auch in einer wunderschönen, alten Meditation aus: »Stets dasselbe in meinem innersten Sein: ewig, absolut eins, ganz, heil, vollkommen; ICH BIN unteilbar, zeitlos, ungeformt, alterslos – ohne Gesicht, Äußeres oder Gestalt. ICH BIN die still wartende Gegenwart, verankert in den Herzen aller Menschen.«

Wir müssen glauben und akzeptieren, dass alles, was wir uns vorstellen und als wahrhaftig empfinden, ins Sein treten wird; und dass wir alles, was wir einem anderen wünschen, auch uns wünschen.

Ralph Waldo Emerson, einer der Begründer der klassischen amerikanischen Literatur und Führer der amerikanischen Transzendentalphilosophen, schrieb: »Wir sind das, was wir den ganzen Tag lang denken.« Mit anderen Worten und einfach ausgedrückt: »Geist, Denken, Verstand und *meta* sind der Ausdruck schöpferischer Gegenwart und Macht – und wie in der Natur (bei den physikalischen Gesetzen) kann jede Macht auf zweierlei Weise angewandt werden. Wasser beispielsweise kann uns säubern oder ertränken; Elektrizität kann Energie liefern, die das Leben leichter macht oder tötet. In der Bibel heißt es: »Ich mache das Licht und ich mache die Dunkelheit; Glück wie Unglück kommen von mir. Ich, der Herr, bin es, der dies alles vollbringt – ich verletze, ich heile; ich segne, ich verfluche.« (Jesaja 45, 7)

Kein zorniger Gott straft uns, wir strafen uns selbst durch den Missbrauch des Geistes. Wir sind auch gesegnet (gebenedeit), wenn wir dieses grundlegende Prinzip und diese Gegenwart verstehen und einen neuen Gedanken oder gleich ein ganzes Gedankengebäude akzeptieren.

Metaphysik ist also das Studium der Ursächlichkeit – und befasst sich nicht etwa mit der Wirkung oder dem Resultat, sondern vielmehr damit, was die Wirkung oder das Resultat *hervorbringt.* Metaphysik geht mit spirituellen Vorstellungen so um, wie Wissenschaftler mit der Welt der Formen umgehen, wie sie den Geist erforschen, der das Sichtbare formt oder aus dem es entsteht. Verändert sich eine Geisteshaltung oder eine Ursache, ist auch die Wirkung eine andere.

Die Stärke und Schönheit der Metaphysik liegt meiner Auffassung nach darin, dass sie nicht auf einen bestimmten Glauben begrenzt ist, sondern universelle Gültigkeit besitzt. Man kann Jude, Christ, Muslim oder Buddhist und dennoch Metaphysiker sein.

Es gibt Schriftsteller, Wissenschaftler und Philosophen, die angeblich keinem Glauben anhängen; ihr Glaube ist die Metaphysik.

Jesus war ein Meister-Metaphysiker – er verstand den Geist und setzte ihn ein, um andere innerlich zu erheben, zu inspirieren und zu heilen.

Als Mahatma Gandhi (die »große Seele«) gefragt wurde, welcher Religion er angehöre, antwortete er: »Ich bin Christ, Jude, Buddhist, Hindu ... ICH BIN *all* das.«

Die Formulierung »New Thought« ist eine beliebte Verallgemeinerung geworden. Bestehend aus einer sehr großen Anzahl Kirchen, Zentren, Gebetsgruppen und Institutionen hat sich dieses neue Denken zu einer metaphysischen Bewegung entwickelt, die das Einssein oder die Einheit der Menschen mit dem unendlichen Leben feiert, der inneren Würde und dem Wert und Stellenwert jedes Einzelnen. In Wahrheit liegt die Betonung sogar eher auf dem Einzelnen als auf einer organisierten Einrichtung oder Funktion. Dabei ist am New Thought nichts neu. Metaphysik ist vielmehr die älteste aller religiösen Annäherungen. Sie zeigt unsere Absicht, Gott zum Ausdruck zu bringen und die große Vielfalt Gottes. »ICH BIN gekommen, um das Leben zu geben, im Überfluss.« (Johannes 10, 10) Sie offenbart unsere Identität: »Kinder des Unendlichen« – und dass wir geliebt werden und einen spirituellen Wert als notwendige Teile des schöpferischen heiligen Ganzen haben.

Metaphysik befähigt uns und hilft uns dabei, zu unserem göttlichen Ursprung zurückzukehren, und beendet das Gefühl der Getrenntheit und den Eindruck von Entfremdung, des Wanderns durch eine öde, ungastliche Wüstenei.

Metaphysik war schon immer allen verfügbar, ist es noch und wird es auch stets bleiben – sie wartet geduldig auf unsere Entdeckung und Offenbarung.

Irgendwann bildete sich etwas heraus, von dem es gewöhnlich heißt, dass es mit Phineas P. Quimby seinen Anfang genommen habe. In einem faszinierenden Artikel im *New Thought Magazine* schrieb Quimby 1837 über seine Arbeit. Nachdem er für die Dauer von mehreren Jahren mit dem Mesmerismus experimentiert hatte, kam er zu dem Schluss, dass es nicht die Hypnose selbst, sondern die Konditionierung des Unterbewusstseins war, die zu den sich ergebenden Veränderungen führte. Quimbys offizielle Ausbildung war recht spärlich, aber er hatte einen brillanten, investigativen Verstand und war ein äußerst originärer Denker. Darüber hinaus war er ein ungemein produktiver Schriftsteller und Tagebuchschreiber. Aufzeichnungen wurden veröffentlicht, die über Details seiner Entdeckungen Auskunft geben. Er wurde schließlich zu einem wundervollen Bibelgelehrten. Er wiederholte zwei Drittel der Heilungen im Alten und Neuen Testament. Er fand heraus, dass große Verwirrung über die wahre Bedeutung zahlreicher Bibelstellen herrschte, die zu Missverständnissen und Fehlinterpretationen über die Person Jesu Christi in der Bibel geführt hatte.

Das ganze zwanzigste Jahrhundert hindurch trugen auf diese Weise viele inspirierte Lehrer, Autoren, Geistliche und Vortragsreisende zur New Thought-Bewegung bei. Dr. Chas E. Braden von der University of Chicago nannte diese Männer und Frauen »Rebellische Geister«, weil sie wahrhaftig den existierenden Dogmen, Ritualen und Überzeugungen eine rebellische Haltung entgegenbrachten. Die Rebellion gegen Inkonsequenz führte zur Furcht vor der Religion. Dr. Braden war nicht mehr mit dem Status quo zufrieden und weigerte sich, noch länger damit konform zu gehen.

New Thought ist eine individuelle Übung in den Wahrheiten des Lebens – ein allmählicher Prozess des Verstehens. Wir können heute ein bisschen lernen und morgen noch mehr. Nie werden wir an einen Punkt gelangen, an dem es nichts mehr zu entdecken gibt. New Thought ist unendlich, grenzenlos und ewig. Wir haben alle Zeit, die wir brauchen – die Ewigkeit. Viele sind ungeduldig mit sich und mit dem, was sie für ihr Versagen halten. Werfen wir einen Blick zurück, stellen wir jedoch fest, dass es Phasen des Lernens gegeben hat und wir diese Fehler nicht noch einmal zu machen brauchen. Der Fortschritt erscheint einem manchmal so langsam – »Haltet durch, dann werdet ihr das wahre Leben gewinnen!« (Lukas 21, 19)

In seinem Buch *Denken Sie sich reich!* bemerkte Dr. Murphy, dass der Himmel »Gewahrsein« sei und die Erde »Manifestation«. Dein neuer Himmel ist deine neue Sichtweise – deine neue Dimension des Bewusstseins. Sehen wir genau hin, also spirituell, erkennen wir, dass im Absoluten alles gesegnet, Harmonie, unendliche Liebe, Weisheit, absoluter Friede und Vollkommenheit ist. Identifiziere dich mit diesen Wahrheiten, beschwichtige das Meer von Furcht, Zuversicht und Glauben und werde stärker und selbstbewusster.

In der vorliegenden Buchreihe hat Dr. Murphy die Grundlagen dieser Macht zusammengestellt und sie in eine leicht verständliche Form gebracht, sodass du sie sofort auf dein Leben übertragen kannst.

Dieses Buch und die anderen in der Reihe bestehen aus einer Zusammenstellung von Vorträgen, Predigten und Radiosendungen, in denen Dr. Murphy über Methoden sprach, wie du dein Potenzial durch die Macht des Unterbewusstseins maximieren kannst.

Da Mr. Murphy protestantischer Pfarrer war, stammen viele seiner Beispiele und Zitate aus der Bibel. Die Vorstellungen, die diese Zitate illustrieren, sollten nicht als sektiererisch betrachtet werden. Vielmehr sind die so vermittelten Botschaften universell und werden in den meisten Religionen und Philosophien gepredigt. Ständig wiederholte er, dass das Wesen des Wissens im Gesetz des Lebens, im Gesetz des Glaubens liege. Es ist kein katholischer, protestantischer, muslimischer oder hinduistischer Glaube. Es ist schlicht und einfach Glaube. »Behandelt die Menschen so, wie ihr selbst von ihnen behandelt werden wollt.« (Matthäus 7, 12)

Murphys Frau, Dr. Jean Murphy, setzte sein geistliches Amt nach seinem Tod 1981 fort. In einer 1986 gehaltenen Rede zitierte sie ihren verstorbenen Mann und wiederholte seine Philosophie: »Ich will die Männer und Frauen ihren göttlichen Ursprung lehren und die Mächte, die in ihnen regieren. Ich will mitteilen, dass diese Macht in ihnen ist und sie in der Lage sind, ihre Erlösung selbst herbeizuführen. Das ist die Botschaft der Bibel, und neun Zehntel unserer heutigen Verwirrung verdankt sich der falschen, wörtlichen Interpretation der lebensverändernden Wahrheiten, die sie enthält.

Ich will die Mehrheit erreichen, den Mann auf der Straße, die mit Pflichten überlastete Frau, deren Talente und Fähigkeiten unterdrückt werden. Ich will auf jeder Ebene des Bewusstseins anderen helfen, die Wunder in sich zu erfahren.«

Sie sagte von ihrem Mann: »Er war ein praktisch denkender Mystiker, erfüllt von dem Intellekt eines Gelehrten, dem Verstand eines erfolgreichen Angestellten und dem Herz eines Dichters. Seine Botschaft lautete auf einen Nenner gebracht: ›Du bist der König, der Herrscher deiner Welt, denn du bist eins mit Gott.‹«

Dr. Murphy war fest davon überzeugt, dass Gott nie etwas anderes will, als die Menschen gesund, wohlhabend und glücklich zu sehen. Er widersetzte sich den Theologen und allen, die behaupteten, Verlangen sei etwas Böses, und die die Menschen dazu drängten, jegliches Verlangen in sich abzutöten. Er sagte, die Auslöschung des Verlangens führe nur zur Apathie – kein Fühlen, kein Handeln. Er predigte, dass das Verlangen ein Geschenk Gottes sei. Es ist schon in Ordnung, zu verlangen. Es ist gesund und gut, danach zu verlangen, mehr und besser zu werden, als wir es gestern waren. Das Verlangen nach Gesundheit, Überfluss, Gesellschaft und Sicherheit. Was sollte daran falsch sein?

Verlangen steht hinter jedem Fortschritt. Ohne Verlangen ließe sich gar nichts erreichen. Es ist die schöpferische Macht und muss in konstruktive Bahnen gelenkt werden. Bist du beispielsweise arm, steigt in dir das Verlangen nach Wohlstand auf, bist du krank, hast du das Verlangen nach Gesundheit, bei Einsamkeit das Verlangen nach Gesellschaft, nach Liebe.

Wir müssen daran glauben, dass wir unser Leben

verbessern können. Ein Glaube – ob wahr, falsch oder auch diffus –, der über eine bestimmte Zeitspanne hinweg Bestand hat, wird von unserem Denken aufgenommen und integriert. Wird er nicht von einem Glauben entgegengesetzter Art aufgehoben, nimmt er früher oder später Gestalt an und drückt sich als Tatsache, Form, Zustand, Sachverhalt oder Begebenheit im Leben aus und wird auf diese Weise erfahren. Wir haben in uns die Macht, negative Überzeugungen in positive zu verwandeln und unser Leben zum Besseren zu ändern.

Du erteilst die Anweisung, und dein Unterbewusstsein wird geflissentlich gehorchen. Dein Unterbewusstsein wird nach der Natur des Gedankens, der in deinem Bewusstsein vorherrscht, reagieren oder antworten.

Psychologen und Psychiater weisen darauf hin, dass die Gedanken, die man seinem Unterbewusstsein übermittelt, sich in den Gehirnzellen einprägen. Sobald dein Unterbewusstsein eine Idee akzeptiert, macht es sich daran, sofort eine Wirkung herbeizuführen. Es wirkt durch die Assoziation von Ideen und benutzt jedes Quäntchen Wissen, das du in deinem Leben gesammelt hast, um sein Ziel zu erreichen. Es zapft die unendliche Macht, Energie und Weisheit in dir an. Es führt alle Naturgesetze auf, um damit durchzukommen. Manchmal scheint es mit einer sofortigen Lösung für deine Probleme aufzuwarten, zu anderen

Zeiten dauert es vielleicht Tage, Wochen oder noch länger.

Deine bewusste Denkgewohnheit gräbt tiefe Rinnen in dein Unterbewusstsein. Das ist sehr vorteilhaft für dich, wenn du normalerweise harmonisch, friedlich und konstruktiv denkst.

Hast du dich hingegen Angst, Sorgen und anderen zerstörerischen Denkgewohnheiten überlassen, besteht das Heilmittel darin, die Allmacht deines Unterbewusstseins zu begreifen und Freiheit, Glück, vollkommene Gesundheit und Wohlstand zum Ausdruck zu bringen. Dann wird dein Unterbewusstsein, das schöpferisch ist und eins mit deinem göttlichen Ursprung, die Freiheit und das Glück erschaffen, die du feierlich auf den Weg gebracht hast.

Nun liegen Dr. Murphys Vorträge zum ersten Mal gesammelt vor, bearbeitet und aktualisiert in sechs neuen Büchern, die seine Lehren in das einundzwanzigste Jahrhundert tragen. Um Dr. Murphys ursprüngliche Vorträge noch stärker zur Geltung zu bringen und zu verdeutlichen, haben wir Material aus einigen Vorträgen von Dr. Jean Murphy sowie Beispiele von Menschen hinzugenommen, deren Erfolge Dr. Murphys Philosophie widerspiegeln.

Arthur R. Pell, Ph. D.
Herausgeber, April 2005

Vorwort

Jeder Mensch durchlebt Phasen, in denen Angst und Sorge über sein Dasein bestimmen. Dies mag auf allgemeine Ursachen zurückzuführen sein: Krieg, Hungersnot, politische Unruhen oder Naturkatastrophen. Es kann aber auch persönliche Gründe haben: Wir selbst oder uns nahe stehende Personen werden von Krankheit, Arbeitslosigkeit, hohen Schulden, Ehekrisen oder Sorgen um die eigenen Kinder heimgesucht.

Diese seelischen Erschütterungen überwältigen uns oft und berauben uns sämtlicher Freuden und Glücksgefühle. Wir können zwar nicht immer Unglücke vermeiden oder sofort die passenden Lösungen finden, aber wir alle besitzen die Fähigkeit, mit Schockzuständen fertig zu werden, damit sie nicht unser Leben ruinieren.

In diesem Buch zeigt Dr. Murphy, wie Sie durch Gebet und Meditation die Kraft entwickeln, Ihren Problemen zu begegnen und die Depression zu besiegen, die gewöhnlich damit einhergeht. Auch wenn Sie die jeweiligen praktischen Lösungen selbst finden müssen, werden doch die Vorschläge von Dr. Murphy diesen Prozess beschleunigen und Sie gewiss in die Lage versetzen, wirksamere Maßnahmen zu ergreifen.

Eine Krankheit bedarf weiterhin medizinischer Behandlung; wenn Sie Ihren Arbeitsplatz verlieren, müssen Sie sich nach einem neuen umsehen; und wenn Sie juristische Probleme haben, kann ein Rechtsanwalt Ihnen Beistand leisten. Dr. Murphy rät nicht, dass man einfach nur auf Gott vertrauen soll, um von einer Krankheit geheilt zu werden, einen neuen Job zu finden, juristische oder sonstige Probleme zu bewältigen. Aber indem Sie sich Gott zuwenden, können Sie Ihre Moral stärken und den Kopf oben behalten; denn Gott wirkt auf geheimnisvolle Weise und beschert so den Gläubigen ungeahnte Problemlösungen. Genau das belegt Dr. Murphy anhand zahlreicher Geschichten und Beispiele.

In all seinen Werken empfiehlt er Gebete und Meditationen, die sich als sehr nützlich erwiesen haben. Im vorliegenden Buch greift er insbesondere auf die Psalmen zurück, jene wunderbare Inspirationsquelle, die Angst und Sorge zu überwinden hilft.

Die Psalmen bilden seit Jahrtausenden einen wichtigen Bestandteil jüdisch-christlicher Anbetung. Die eigentliche, esoterische Bedeutung der Psalmen offenbart die unendliche Heilkraft im Innern des Menschen. Deshalb wird der Psalter manchmal »Die kleine Bibel« genannt. Er ist eine Art Schatzkammer, angefüllt mit wertvollen spirituellen und praktischen Weisheiten, eine Quelle der Inspiration und des Trostes für alle Männer und Frauen in jedweder Lebenslage.

Der Psalter thematisiert jede unserer Gemütsverfassungen, von der Tiefe der Verzweiflung bis zur Höhe des Jubels. Unter den heiligen Schriften enthält kein anderes einzelnes Werk eine solche Vielfalt von Erfahrungen, ob in geistiger oder in weltlicher Hinsicht.

Es gibt Psalmen der Freude, des Seelenfriedens, des Glücks; des Wunders und der Herrlichkeit der Schöpfung, des Ortes, den die Menschheit im Universum einnimmt. Doch da sind auch Schreie des gebrochenen Herzens in Zeiten der Krankheit, der Verletzung, des Kummers, der Erniedrigung, des geteilten Schicksals, der Schande; des Verrats, der Treulosigkeit von Freunden und Gefährten. Darüber hinaus sprechen die Psalmen von nationaler Gefahr wie auch von persönlicher Gefährdung, individuellem Risiko.

Die Mannigfaltigkeit der Stimmungen und Einstellungen gegenüber dem Leben und Gott umfasst den gesamten menschlichen Erfahrungsbereich – von Selbstmitleid, Einsamkeit, Klage, Verzweiflung, Trauer, Demut, Sehnsucht, Rache, Überheblichkeit bis hin zu Freude, Dankbarkeit, Glaube und geistiger Ekstase, wenn wir uns jauchzend eins fühlen mit dem Leben, dem Universum und Gott, in Einklang mit unserer persönlichen Welt.

All diese seelischen Zustände und noch weitere werden in der »kleinen Bibel« zur Sprache gebracht. Daher hat man gesagt, jeder Mensch könne in jedem Augenblick, jeder Situation und jeder Stimmung seine Identität in den Psalmen entdecken: Sie geben uns das Gefühl, dass wir tatsächlich ein Sohn oder eine Tochter Gottes sind, ein Kind der unendlichen ewigen Gegenwart, der lebendigen Gegenwart des lebendigen Gottes, eine absolut notwendige Ausdrucksform des unendlichen Lebens.

Die Psalmen erlauben uns, mit unserem wahren Selbst in Kontakt zu treten, helfen uns, zu ihm eine enge Verbindung herzustellen. Wir sind es, die sprechen, wir, die lauschen: Gott spricht durch uns und in uns.

Die 150 Psalmen sind Teil des Alten Testaments, das in Hebräisch geschrieben und in die meisten Sprachen übersetzt wurde. Die eine Übersetzung weicht bisweilen von der anderen ab, fasst die Bedeutung der Worte und Sätze unterschiedlich auf. So gibt es mehrere Übersetzungen der Bibel in englischer Sprache. Dr. Murphy benutzte die King James Bible (aus dem Jahre 1611)*,

* Für die deutsche Ausgabe wurde in häufig die Übersetzung von Martin Luther herangezogen.

wahrscheinlich die am weitesten verbreitete Version. Außerdem weist er darauf hin, dass die biblischen Verse symbolisch sind und nicht wörtlich genommen werden sollen. Der tiefere Sinn der jeweiligen Symbolik wird im Text beleuchtet und erklärt.

Der Psalter ist nicht die einzige Quelle für Meditationen. Im Folgenden werden auch verschiedene andere Gebete und Meditationen angeboten, die dem Leser im Bemühen, die Sorge zu überwinden und den Seelenfrieden wiederherzustellen, eine große Hilfe sein können.

1. Kapitel

Die Sorgen überwinden

Länger anhaltender Kummer beraubt Sie Ihrer Vitalität, Ihrer Kraft, Ihrer Begeisterungsfähigkeit und macht Sie zu einem körperlichen und seelischen Wrack. Psychosomatische Ärzte betonen, dass sich hinter Krankheiten wie Asthma, Allergie, Herzinsuffizienz, Bluthochdruck und zahlreichen anderen Leiden, die hier nicht alle aufgeführt werden können, eine chronische Sorge verbirgt.

Der besorgte Geist ist verwirrt, gespalten und denkt ziellos über viele Dinge nach, die gar nicht stimmen. Die Sorge resultiert letztlich aus Trägheit und Gleichgültigkeit. Wenn Sie morgens aufwachen, brauchen Sie nicht solch düsteren Gedanken nachzuhängen. Stattdessen können Sie sich auf Harmonie, Frieden, Schönheit, richtiges Handeln, Liebe und Verständnis besinnen. Sie sind imstande, jeden negativen Gedanken durch einen konstruktiven Gedanken zu ersetzen.

Ihr Problem sitzt im Kopf. Sie haben einen bestimmten Wunsch, eine Vorstellung davon, wie Ihr Problem zu lösen wäre. Doch sobald Sie die gegebenen Bedingungen und Umstände betrachten, kommt Ihnen ein negativer Gedanke, wodurch Ihr Wunsch dann in Konflikt mit Ihrer Angst gerät. Die Sorge zeigt an, dass Ihr Geist die ungünstigen Bedingungen akzeptiert hat. Erkennen Sie, dass Ihr Wunsch Gottes Geschenk ist. Gott ist der lebendige Geist in Ihrem Innern. Er fordert Sie auf, im Leben auf eine höhere Ebene zu gelangen. Und er gibt Ihnen zu verstehen, dass keine Macht Gott, den lebendigen Geist in Ihnen, bezweifeln oder angreifen kann. Es gibt nur eine Macht, nicht zwei, drei oder vier. Diese einzigartige Macht wirkt als Einheit, Harmonie und Frieden. In ihr gibt es keine Trennung und keine Zwietracht. »Die allmächtige Macht richtet mich jetzt auf, offenbart mir den perfekten Plan, in welcher Weise sie sich entfalten wird; an dieser Überzeugung halte ich unerschütterlich fest.«

Wenn Ihnen sorgenvolle Gedanken durch den Kopf gehen, so machen Sie sich bewusst, dass die unendliche Intelligenz Ihren Wunsch oder Plan, Ihr Ideal oder Ziel gemäß göttlicher Ordnung verwirklicht. Damit ersetzen Sie den negativen Gedanken. Fahren Sie in dieser Geisteshaltung fort, und der Tag wird anbrechen, die Schatten werden sich verflüchtigen.

Nach einem meiner Vorträge fragte mich ein Zuhörer um Rat. Er war um seine Gesundheit besorgt gewesen, aber nach einer gründlichen Untersuchung hatte sein Arzt ihm mitgeteilt, dass er körperlich wohlauf sei, doch unter einer »Angstneurose« leide. Dieser Fachausdruck bezeichnet einfach den Zustand offenkundiger, chronischer Sorge. Der Begriff »worry« (Sorge) wiederum, aus dem althochdeutschen wurgen und dem mittelhochdeutschen würgen abgeleitet, meint ursprünglich zusammenpressen, einschnüren – und genau das tat jener Mann sich selbst an.

Er erzählte mir, dass er sich ständig den Kopf zerbreche über Geld, Geschäfte und Zukunft. Seine Vorstellung in Bezug auf Erfolg und Glück wurde durchkreuzt von chronischer Sorge, die seine ganze Kraft aufzehrte. Dauernd war er erschöpft und deprimiert.

Ich empfahl ihm, drei oder vier Mal täglich eine ruhige Sitzung mit sich selbst abzuhalten, feierlich zu erklären, dass der Allmächtige ihm Inspiration und Hoffnung verliehen habe, nicht mehr zu tun, als mit dem Unendlichen in Einklang zu kommen und dessen Harmonie, Frieden und Liebe durch sein Inneres strömen zu lassen … Er solle sich selbst gegenüber bekräftigen:

»Gott oder die höchste Weisheit gab mir diesen Wunsch ein. Die allmächtige Kraft ist in mir, ermöglicht mir, zu sein, zu handeln und zu haben. Diese Weisheit und Kraft des Allmächtigen unterstützt mich und hilft mir, all meine Ziele zu erreichen. Ich sinne regelmäßig und konsequent über die Weisheit und Kraft des Allmächtigen nach. Und ich denke nicht mehr an Hindernisse, Verspätungen, Störungen und Misserfolge. Ich weiß, dass das ständige Denken in diese Richtung meinen Glauben und mein Selbstvertrauen festigt, meine Stärke und innere Sicherheit erhöht, denn Gott hat uns nicht den Geist der Angst gegeben, sondern den Geist der Kraft, der Liebe und eines heilen Gemüts.«

Einige Zeit später schrieb mir der Mann, dass er sich diese Wahrheiten auch weiterhin kontinuierlich und systematisch vergegenwärtige. Sie drangen in sein Bewusstsein ein, das dann die heilsamen Botschaften in den ganzen Körper aussandte. So gelangten sie allmählich ins Unterbewusstsein und zerstörten dort – wie geistiges Penizillin – die Bakterien der Sorge, der Angst und alle negativen Gedanken. Nach einem Monat erreichte er den Bewusstseinszustand der Stärke, der Kraft und der Intelligenz, die ihm bei der Geburt auf göttliche Weise eingeprägt worden waren. Er hat seine Sorgen überwunden, indem er die geistige Medizin der höchsten Weisheit und unendlichen Intelligenz einnahm, die in den unterbewussten Tiefen eingeschlossen ist.

Vor einiger Zeit suchte eine beunruhigte Mutter mich auf und sagte, sie sei schrecklich in Sorge wegen ihrer Tochter, die sich der Friedenstruppe angeschlossen hatte und nun in einem fernen und gefährlichen Teil Afrikas lebte. Ich gab ihr ein spezielles Gebet, das sie morgens und abends für sich und für ihre Tochter benutzen sollte. Ein Jahr später beendete diese ihre Mission, kehrte unversehrt nach Hause zurück und heiratete ihren Freund, mit dem sie seit langer Zeit verbunden gewesen war.

Erneut kam die Mutter zu mir, genauso beunruhigt wie zuvor. Sie machte sich wieder Sorgen um ihre Tochter; diesmal ging es darum, dass diese vielleicht den falschen Mann geheiratet hatte. Allerdings musste sie zugeben, dass er ein wunderbarer Ehemann war. »Als sie schwanger wurde, hatte ich große Angst, dass ihr Kind tot oder behindert zur Welt kommt. Aber meine Tochter hat ein vollkommenes Kind geboren.« Außerdem sorgte sie sich wegen der Geldknappheit im Haushalt ihrer Tochter. Doch diese Frau war nicht wirklich besorgt um das, was sie für den Grund ihrer Sorge hielt.

Ihre eigentliche Schwierigkeit bestand in einem tiefen Gefühl von Unsicherheit. Sie war gefühlsmäßig – und gewiss auch geistig – unreif. Wäre ihre Persönlichkeit ausgereift gewesen, hätte sie sich ruhig hingesetzt, Tochter und Schwiegersohn gesegnet und erkannt, dass Gott die beiden führt, dass sie richtig handeln, dass ihr Leben von göttlichem Gesetz und göttlicher Ordnung beherrscht und ihre Seele von göttlichem Frieden erfüllt wird – dass Gott ihnen also über die kühnsten Träume hinaus gnädig ist. Wie konnte sie dann derart beklommen sein? Sie war eben jemand, der sich ständig Sorgen macht. Ihr wesentliches Problem lag darin, dass sie nicht in Einklang war mit dem Unendlichen, dass ihre Gedanken nicht Gottes Gedanken waren.

Wenn Ihre Gedanken Gottes Gedanken sind, dann lenkt Gottes Macht Ihre Gedanken auf das Gute. So einfach ist das. Sie müssen Ihren Geist in ähnlicher Weise reinigen wie Ihr Haus. Wenn Sie es nicht säubern und instand halten, kommen alle Arten von Ungeziefer herein, löst sich die Farbe von den Wänden, geschehen vielerlei unangenehme Dinge. Ihr Geist ist Ihr Haus. Sie müssen ihn regelmäßig reinigen und mit göttlichen Wahrheiten ausfüllen, die alles daraus verbannen, was Gott zuwiderläuft.

Im Gespräch konnte ich der Frau deutlich machen, dass sie selbst die Urheberin ihrer Sorgen war. Daraufhin ersetzte sie ihr Gefühl von Unsicherheit durch ein echtes Gefühl von Sicherheit. Ich schrieb ein spezielles Gebet für sie, das auf dem 91. Psalm beruht, dem großen Psalm über göttlichen Schutz. Wenn Sie ein sorgenvoller Mensch sind, sollten Sie es ebenfalls benutzen:

»Wer am geheimen Ort des Höchsten weilt, wird im Schatten des allmächtigen Geistes bleiben. Alle Gedanken, die ich hege, entsprechen der Harmonie, dem Frieden und dem guten Willen. Das ist Disziplin. Mein Geist ist der Wohnsitz des Glücks, der Freude und eines tiefen Gefühls von Sicherheit. Alle Gedanken, die mir kommen, tragen zu meiner Wonne, meiner Ruhe und meinem allgemeinen Wohlbefinden bei. Ich lebe, bewege mich und habe mein Sein in jener Atmosphäre, die von angenehmer Gemeinschaft, Liebe und Einheit geprägt ist. Alle Menschen, die in meinem Geist wohnen (diese Menschen stellen Gedanken, Ideen, Vorstellungen, Gefühle, emotionale Reaktionen usw. dar), sind Gottes Kinder, das heißt Gottes Vorstellungen. Ich lebe innerlich in Frieden mit allen Mitgliedern meiner Familie und mit der gesamten Menschheit. Das Gute, das ich für mich wünsche, wünsche ich auch für meine Tochter und ihre Familie. Ich lebe jetzt im Hause Gottes. Ich beanspruche Frieden und Glück, denn ich weiß, dass ich ewig im Haus des Herrn wohnen werde.«

Sie wiederholte diese Wahrheiten mehrmals im Laufe des Tages, und deren wunderbare Schwingungen neutralisierten das krankhafte Zentrum der Sorge in ihrem Unterbewusstsein, das einer seelischen Wunde, einer eiternden traumatischen Wunde glich. Sie erkannte, dass es geistige Reserven gab, auf die sie zurückgreifen konnte, um die negativen Gedanken auszulöschen. Als sie ihr Denken mit diesen herrlichen geistigen Wahrheiten ausfüllte, wurde sie von einem tiefen Glauben an alles Gute ergriffen. Und so lebt sie heute in der freudigen Erwartung des Besten.

Es gibt viele Gebete, die Ihnen helfen können, die Sorge zu überwinden. Gehen Sie jeden Morgen vor der täglichen Arbeit an einen stillen Ort und identifizieren Sie sich mental und emotional mit den folgenden Wahrheiten:

»Ich lebe, bewege mich und habe mein Sein in Gott. (Gott ist das Lebensprinzip in Ihrem Innern, und Sie wissen sehr wohl, dass Sie lebendig sind; Gott ist der Urahn oder der Vater von allem, deshalb existiert in allen Weltreligionen der Ausdruck ›Unser Vater‹.) Gott lebt, bewegt sich und hat sein Sein in mir. ICH BIN der Tempel des lebendigen Gottes. Gott lebt in mir. Ich bin versunken in die göttliche Gegenwart, die mich umgibt und umhüllt. Mein Denken ist Gottes Denken, und mein Geist ist der Geist Gottes. Dieses unendliche Sein in mir ist die einzige Gegenwart und die einzige Macht. Sie kann nicht besiegt, in keiner Weise gehemmt oder zerstört werden. Nichts kann sie in Frage stellen, untergraben oder neutralisieren. Sie ist höchste Kraft. Sie wirkt als Einheit. In ihr gibt es weder Trennung noch Zwietracht. Sie ist allmächtig, allwissend und allgegenwärtig. Wenn ich mich gedanklich mit dieser unendlichen Kraft verbinde, weiß ich, dass ich jedes Problem meistere. Ich setze mich mutig mit allen Schwierigkeiten auseinander in der Gewissheit, dass das Göttliche sie unendlich übertrifft, und welche Stärke, Kraft oder schöpferische Idee ich auch brauche – sie wird mir durch die innere göttliche Intelligenz automatisch zuteil. Ich weiß, das Unendliche ruht lächelnd in meinem Innern, wo alles Wonne, Harmonie und Friede ist. Ich bin jetzt in Einklang mit dem Unendlichen, und seine Weisheit, Kraft und Intelligenz werden in meinem Leben wirksam. Das ist das Gesetz meines Seins. Ich bin mir bewusst, dass Gottes Friede meine Seele ausfüllt. Ich weiß, dass ich nicht an zwei Dinge gleichzeitig denken kann. Ich kann meine Gedanken nicht gleichzeitig auf Erfolg und auf Misserfolg richten.«

Verscheuchen Sie die Dunkelheit aus Ihrem Haus? Nein, Sie schalten das Licht ein. Und das Licht löst die Dunkelheit auf, wie die Sonne den Nebel zerteilt. Das Dunkle ist die Abwesenheit des Lichts. Sie brauchen nur das Licht in Ihrem Geist einzuschalten. Sie können sagen: »Ich weile am geheimen Ort des Höchsten. Ich wohne im Schatten des Allmächtigen. Ich werde den Herrn meine Zuflucht und meine Festung nennen, meinen Gott, dem ich vertraue. Er bedeckt mich mit seinen Federn, und unter seinem Flügel werde ich ruhen. Die Wahrheit ist mein Schirm und Schild.« Ist das nicht ein wunderbarer Ausspruch? Ist es nicht wunderbar, dies zu bekräftigen? Ist das nicht ein wunderbares Wissen? Ist es nicht wunderbar, das zu tun, sein Leben danach auszurichten? Und alle Sorgen werden verschwinden.

Eines Tages kam ein Lastwagenfahrer zu mir. Er war in Panik. Er hatte zwei schwere Unfälle verursacht und wusste, dass ihn ein weiterer Unfall den Job kosten würde. Jedes Mal, wenn er ins Fahrerhaus stieg, zitterte er vor Angst. Ich sagte zu ihm, er könne seine Tour nicht gleichzeitig fürchten und preisen. Daher müsse er seine Sorge durch Selbstvertrauen und ein Gefühl von Sicherheit ersetzen. So begann er jede Fahrt, indem er sich und seinen Lastwagen auf folgende Weise würdigte:

»Ich werde auf all meinen Wegen von Gott geführt. Die göttliche Liebe geht mir voraus, macht meinen Weg angenehm und vollkommen. Mein Lastwagen ist Gottes Lastwagen. Dadurch werde ich in all meinen Bewegungen geleitet. Göttliches Gesetz und göttliche Ordnung lenken mich, und ich fahre ungehindert, freudig und liebevoll von Stadt zu Stadt. Ich segne alle anderen Fahrer auf der Straße, wünsche ihnen Gesundheit, Glück, Frieden und richtiges Handeln. Ich bin ein Botschafter Gottes. Ich weiß, dass alle Teile meines Fahrzeugs in Gottes Vorstellung sind und perfekt funktionieren. Ich bin stets ausgeglichen, gelassen und ruhig. Ich bin immer wachsam, lebendig und beflügelt vom Heiligen Geist. Diese Liebe umgibt mich und geht mir voraus, ebnet und vervollkommnet meinen Weg. Ich bin ständig umgeben vom heiligen Kreis der ewigen Liebe Gottes, die alle Hindernisse beseitigt und mir eine wunderbare Fahrt gewährt.«

Während der vergangenen drei Jahre hatte er keinen Unfall und blieb von Strafmandaten ebenso verschont wie von Gerichtsverfahren. Allmählich füllte er seinen Geist mit jenen Wahrheiten aus und vertrieb alle sorgenvollen Gedanken, die ihm derart zugesetzt hatten. Er sagte: »Ich gewöhnte mir an, dieses Gebet bei jeder Fahrt zu sprechen und lernte es auswendig. Das war kein Hokuspokus. Ich wusste, was ich tat und warum ich es tat. Mir war klar, dass ich diese Vorstellungen meinem Unterbewusstsein einprägte und dass alles, was ihm eingeprägt wird, irgendwann als Form, Funktion, Erfahrung und Ereignis zum Vorschein kommt. Außerdem wusste ich, dass die höhere Schwingung meiner spirituellen Gedanken die niedrigere Schwingung auslöschen würde.«

Dieser Lastwagenfahrer ist jetzt nicht mehr besorgt oder ängstlich. Er weiß, dass das Gebet Dinge verändert. Selbstverständlich bedarf es der Disziplin. Das Gebet ist eine Gewohnheit, eine sehr gute sogar. Wie haben Sie Laufen gelernt? Sie unternahmen viele Versuche, einen Fuß vor den anderen zu setzen. Sie sind hingefallen. Aber Sie hatten eine Vorstellung vom Laufen.

Sie fingen an, die Beine entsprechend zu bewegen, das Gleichgewicht zu halten usw. Allmählich erschien Ihnen das Laufen ganz natürlich. Mit anderen Worten: Wenn Sie ein Denkmuster oder ein Tun ständig wiederholen, wird es Ihnen nach einer Weile zur zweiten Natur; das ist die Reaktion Ihres Unterbewusstseins auf Ihr bewusstes Denken und Tun. Und genau das bewirkt auch das Gebet.

Vor einigen Jahren war ich in einem Geschäft in Wichita. Der Besitzer forderte mich auf, hinter den Ladentisch zu kommen, wo er mir ein Schild über der Kasse zeigte, auf dem stand: Ich fürchte kein Unglück, denn du bist bei mir. (Dieser Satz ist dem 23. Psalm entnommen.) Er fügte hinzu, dass das Geschäft drei Mal ausgeraubt und er selbst zwei Mal mit einem auf seinen Kopf gerichteten Revolver bedroht worden war.

»Nach dem dritten Überfall wollte ich das Geschäft verkaufen und in eine andere Branche wechseln, aber ich hatte so viel in das Geschäft investiert – nicht nur in finanzieller Hinsicht, sondern auch in die langjährigen Beziehungen zu meinen Kunden und in den liebevollen Umgang mit den Leuten des Viertels –, dass ich beschloss zu bleiben. Ich betete inständig, las immer wieder in meiner Bibel und wurde dadurch getröstet und ermutigt, besonders durch den 23. Psalm.

Sobald ich an jenen Satz des Psalms denke, sinkt er wie ein Segen in meinen Geist herab. Ich habe mir die unendliche Gegenwart und Kraft in meinem Innern sozusagen zum Partner gemacht, und oft bekräftige ich im Laufe des Tages: ›Die unendliche Intelligenz in mir ist mein höheres Selbst, mein Seniorpartner. Sie leitet mich und wacht über mich. Ihre Weisheit und Kraft sind mir sofort verfügbar. Ich bin nicht allein.‹ Jetzt fühle ich mich sicher, weil ich weiß, dass Gottes Kreis der Liebe dieses Geschäft, mich selbst und all meine Kunden umgibt. Ich habe mir angewöhnt, das folgende Gebet zu sprechen: Ich fürchte kein Unglück, denn du bist bei mir, dein Stecken und Stab trösten mich. Gutes und Barmherzigkeit werden mir folgen mein Leben lang, und ich werde bleiben im Hause des Herrn immerdar.«

Das Haus des Herrn ist Ihr eigener Geist. Dieser ist dort, wo Sie mit Gott gehen und sprechen, denn Gott ist die höchste Intelligenz, die grenzenlose Weisheit, eingeschlossen in den Tiefen Ihres Unterbewusstseins.

Der Ladenbesitzer setzte sich mit seiner Angst und seiner Sorge auseinander und bezwang sie. Im Laufe der letzten vier Jahre hatte er keine Probleme mehr mit Dieben, dafür aber Glück und Erfolg, die seine kühnsten Träume noch übertrafen. Er erkannte, dass seine Sorge lediglich ein irrationaler Gedanke war.

Es gibt eine unendliche Intelligenz und grenzenlose Weisheit, die wir als Gott bezeichnen, der an die Tür unseres Herzens klopft. Sie müssen jene göttliche Intelligenz und Weisheit nur hereinlassen und gedanklich mit ihr in Kontakt treten. Sie wird Sie aufmuntern, heilen, beflügeln, unterstützen, führen, über Sie wachen und Ihnen weitere Türen des Ausdrucks auftun. Das ist jene Gegenwart und Kraft, die zunächst Ihren Herzschlag in Gang setzte und die heute eine Schnittwunde an Ihrem Finger schließt, eine Verbrennung heilt, neues Gewebe, neue Haut hervorbringt und Sie auch im Tiefschlaf beschützt.

Wenn Sie sie nicht anwenden, ist es so, als wäre sie gar nicht vorhanden. Deshalb habe ich eingangs gesagt, dass die Sorge aus Trägheit resultiert.

Ein Ingenieur erzählte mir, wie er all seine Sorgen überwindet. Er betrachtet sie als technisches Problem. »Wenn ich bei meiner Arbeit mit einem technischen Problem konfrontiert bin«, sagte er, »zerlege ich es in einzelne Aspekte. Dann frage ich mich: Welche Ursache haben sie? Was bedeutet jeder Aspekt? Wie fügt er sich ins Gesamtproblem ein? Wenn es um Sorgen geht, frage ich: Haben diese Sorgen irgendeine Macht über mich? Verbirgt sich hinter ihnen ein bestimmtes Prinzip?«

Mit nüchternem, rationalem Denken und logischer

Analyse zergliedert er seine Sorgen und gelangt zu der Erkenntnis, dass sie Schatten, trügerische Einbildungen in seinem Geist sind, nichts Wirkliches.

Ein Schatten hat keine Macht! Und genau das ist die Sorge: ein Schatten im Geist. Sie hat keine Realität, kein verborgenes Prinzip, keine tiefere Wahrheit. All diese Sorgen sind nur Anhäufungen unheilvoller Schatten.

Ärzte werden Ihnen mitteilen, dass viele ihrer Patienten äußerst besorgt sind wegen Krankheiten, die sie gar nicht haben, und dass sie im Grunde an psychischen Symptomen leiden. Ärzte benutzen hierfür den Begriff »psychosomatisch«, wobei »psycho« auf die Seele verweist, »somatisch« auf den Leib.

Was Sie denken, spiegelt sich in den Reaktionen Ihres Körpers wider.

Ein Freund von mir, stellvertretender Pastor einer Kirche in Los Angeles, befürchtete, ein schwaches Herz zu haben. Der leitende Pastor, zwanzig Jahre älter als er, hatte gerade einen Herzinfarkt bekommen, und mein Freund war überzeugt, dass er ebenfalls dazu neigte. Er suchte einen Herzspezialisten auf, der ein Kardiogramm anfertigte und feststellte, dass sein Herz völlig normal arbeitete und dass sein Problem psychosomatischer Natur war. Der Herzinfarkt des leitenden Pastors hatte bei ihm eine übertriebene Sorge hinsichtlich des eigenen Herzens ausgelöst, und so litt er tatsächlich an Krämpfen in der Brust und anderen Symptomen von Herzkrankheit. Der Arzt sagte zu ihm: »Sie sollten das praktizieren, was Sie predigen. Die Lösung Ihres Problems steht nicht in meinen medizinischen Lehrbüchern, sondern im Buch der Bücher. Lesen Sie immer wieder den 23. Psalm. Meditieren Sie darüber, bis die falsche Vorstellung aus Ihrer Psyche verschwindet, dann wird Ihr Soma entsprechend reagieren.« – Der Pastor brauchte nur einige Wochen. Er übte das große Gesetz der Substitution ein, indem er die richtige Vorstellung so lange wiederholte, bis sein Geist die Wahrheit erfasste, die ihn befreite und heiter stimmte.

Ein wenig Arbeit ist vonnöten, aber Sie können sie bewältigen. Deshalb sprach ich von Disziplin. Es kommt auf die innere Bereitschaft an: »Ich werde das schaffen. Ich werde mich mit der Sorge direkt auseinander setzen. Sie ist nur ein Schatten in meinem Geist, und ich werde den Schatten keine Macht einräumen.« Der Pastor hatte Krämpfe in der Brust, weil er von der fixen Idee besessen war, ein schwaches Herz zu haben. Doch das erwies sich als Irrtum. Also wurde er völlig geheilt. Wovon? Von seiner falschen Überzeugung.

Ein weiteres Beispiel dafür, wie Gebet und Meditation helfen können, die Sorge zu überwinden und die Gesundheit wiederherzustellen, gelangte mir zur

Kenntnis, als ein Mann mit einer scheinbar ausgeglichenen und harmonischen Persönlichkeit mich aufsuchte. Er war sehr besorgt und ängstlich, weil sein Hausarzt ihm mitgeteilt hatte, dass sein Blutdruck über 200 lag und dass er deshalb langsamer machen und sich mehr entspannen solle. Er sagte zu mir: »Ich kann nicht langsamer machen. Ich habe zu viel zu tun, und der Druck in meiner Firma ist schrecklich.« Tatsächlich litt er an einer allmählich schlimmer gewordenen Aufstauung von kleinen Enttäuschungen und Sorgen.

Ich empfahl ihm, die folgenden einfachen Wahrheiten zu beherzigen: dass er nicht für immer krank sein könne; dass er hier sei, um seinen Problemen zu begegnen und sie zu lösen, anstatt vor ihnen wegzulaufen; dass er mental und spirituell gerüstet sei, mit jedem Problem fertig zu werden – es in Angriff zu nehmen, mutig zu bekämpfen und zu erklären: »Das Problem ist zwar vorhanden, aber die unendliche Intelligenz ist ebenfalls vorhanden, und nur sie kennt die Antwort.« Sämtliche Bedingungen, Umstände und Ereignisse sind dem Wechsel unterworfen. Jedes geschaffene Wesen oder Ding wird eines Tages dahinschwinden. Die uralte Maxime »Auch das wird vergehen« stimmt immer. Doch Ihr Verstand und Ihr Geist, Ihre Persönlichkeit, werden niemals vergehen.

Der erste notwendige Schritt für den Mann bestand darin, sich nicht mehr zwanghaft auf seine beruflichen

Schwierigkeiten und sein Leiden zu konzentrieren und stattdessen der schöpferischen Intelligenz im Innern zu vertrauen, die seinen Geist und seinen Körper in der Absicht erschaffen hatte, dass er innerlich genese. Ich gab ihm die folgende, mehrmals täglich einzuübende Meditation, begleitet von einer Suggestion, die er vorbehaltlos bekräftigen sollte, um die nachstehenden einfachen Wahrheiten wirklich zu verinnerlichen:

»Während des Tages werde ich mich immer wieder von den Streitigkeiten und Ärgernissen der Welt abwenden, zu der göttlichen Gegenwart in meinem Innern zurückkehren und mit dieser schöpferischen Intelligenz kommunizieren. Ich weiß, dass ich geistige Nahrung erhalte und dass Gottes Fluss des Friedens durch meinen Geist strömt. Die unendliche Intelligenz offenbart mir die vollkommene Idee, wie ich jedes meiner Probleme lösen kann. Ich verwerfe die bloße Erscheinung der Dinge und bestätige die Oberhoheit der Gegenwart und Macht in mir. Ich bin versunken in jene tiefe Wahrheit, dass die unendliche Intelligenz mich leitet, dass das göttliche richtige Handeln an erster Stelle steht. Die wunderbare heilsame Gegenwart durchflutet mich jetzt, dringt in jedes Atom meines Seins. Ihr Fluss des Friedens strömt durch meinen Geist und mein Herz, und ich bin entspannt, ausgeglichen, gelassen und ruhig. Ich weiß, dass die göttliche Gegenwart, die mich erschaffen hat, nun meine Ganzheit und Vollkommenheit wiederherstellt. Ich danke für die wundersame Heilung, die gerade stattfindet.«

Indem er jeden Tag viele Male diese Bestätigungsformeln sprach, gelang es ihm, seine Sinne von den gewöhnlichen Störungen und Aufregungen zu lösen. Nach einem Monat ergab die medizinische Untersuchung einen normalen Blutdruck. Der Mann stellte fest, dass sein erneuerter Geist den Körper gesund gemacht hatte. Wenn heute der Druck und die Anspannung im Beruf ihn durcheinander zu bringen drohen, lautet sein Motto: Keines dieser Probleme berührt mich. Er hat es auf seinem Schreibtisch liegen.

Lassen Sie sich durcheinander bringen? Wenn Sie keine vorgefasste Meinung haben, leiden Sie auch nicht. Sie haben keine bestimmte Meinung zu den Überschriften in der Tageszeitung. Keine Meinung, kein Leiden. Wenn die grüne Gurke bitter schmeckt, dann essen Sie nicht davon. Wenn die Straße, auf der Sie fahren, mit Sträuchern und Ästen bedeckt ist, so nehmen Sie eine andere Route. Bringen Sie sich in Einklang mit dem Unendlichen. Wie könnten Sie dann beunruhigt werden? Sind nicht Sie derjenige, der die Unruhe verursacht? Preisen Sie die göttliche Weisheit in Ihrem Zentrum. Sagen Sie sich: »Ich werde meine Augen zu den Hügeln heben, von wo meine Hilfe kommt.«

Zusammenfassung

* Wenn Sie sorgenvolle Gedanken hegen, so erinnern Sie sich daran, dass die unendliche Intelligenz Ihren Wunsch oder Plan, Ihr Ziel oder Ideal gemäß göttlicher Ordnung verwirklicht. Auf diese Weise ersetzen Sie die negativen Gedanken.

* Wenn Ihre Gedanken Gottes Gedanken sind, dann lenkt Gottes Macht Ihre Gedanken auf das Gute. Sie müssen Ihren Geist reinigen, wie Sie Ihr Haus reinigen. Der Geist ist Ihr Haus. Sie müssen ihn ständig entleeren, um ihn mit den Wahrheiten Gottes anzufüllen, die alles daraus verbannen, was Gott zuwiderläuft.

* Wenn Sie ein Gedankenmuster oder Tun ständig wiederholen, wird es Ihnen nach einiger Zeit zur zweiten Natur; das ist die Reaktion Ihres Unterbewusstseins auf Ihr bewusstes Denken und Tun. Auch das Gebet ruft diese Wirkung hervor.

* Das Haus Gottes ist Ihr Geist. Dieser ist dort, wo Sie mit Gott gehen und sprechen, denn Gott ist die höchste Intelligenz, die grenzenlose Weisheit, eingeschlossen in den Tiefen Ihres Unterbewusstseins.

* Sämtliche Bedingungen, Umstände und Ereignisse sind dem Wechsel unterworfen. Jedes geschaffene Wesen oder Ding wird eines Tages dahinschwinden. Die uralte Maxime »Auch das wird vergehen« stimmt immer. Doch Ihr Verstand und Ihr Geist, Ihre Persönlichkeit, werden niemals vergehen.

2. Kapitel

Die Schuldgefühle verbannen

Das Leben hegt gegen niemanden Groll. Gott ist das Lebensprinzip in Ihrem Innern. Es belebt, unterstützt und stärkt Sie in diesem Augenblick. Wenn Sie sich fragen, wo Gott ist, so lautet die Antwort: Das Lebensprinzip in Ihnen ist Gott. Es ist der Ihnen innewohnende lebendige allmächtige Geist. Es ist Ihr Verstand, Ihr Geist. Sie sind lebendig durch das Leben Gottes, denn Gott ist Leben und dieses ist jetzt Ihr Leben. Das Leben verzeiht uns, immer. Wir müssen unsere abergläubischen Vorstellungen aufgeben und uns einfacher Wahrheiten bewusst werden, die seit jeher bekannt sind.

Leider ist die Wahrheit verzerrt, verdreht und entwürdigt worden, sodass sie kaum noch zu erkennen ist. Deshalb ist das Schuldgefühl überall anzutreffen. Psychologen bezeichnen es als »Fluch der Flüche«; doch das Lebensprinzip verurteilt uns nicht, wir selbst verurteilen uns. In allen Epochen wurde den Menschen gesagt, dass sie sich von ihren Schuldgefühlen befreien sollen. Zu diesem Zweck vollzogen sie verschiedene Zeremonien und Rituale. In früher Zeit opferten sie ihre Ochsen und Tauben, um einen zornigen Gott zu besänftigen. Denn durch heftige Stürme wurden die Feldfrüchte vernichtet, oder es herrschte eine lange Dürreperiode. Die Menschen glaubten, die Götter seien wütend. Der Priester musste den Stammesmitgliedern dafür eine Erklärung geben. War er hierzu nicht imstande, töteten sie ihn. Deshalb gaben die Priester Erklärungen, welche die abergläubischen Vorstellungen jener Menschen befriedigten. Damals opferten einige sogar ihre Kinder, um die so genannten Götter des Feuers, der Flut und der Hungersnot gnädig zu stimmen. Das ist ungefähr so, als würde man einem Verbrecher jede Woche Tribut entrichten, um sich bei ihm einzuschmeicheln, damit er einem keine Bombe ins Geschäft wirft.

Wenn Sie sich die Hand verbrennen, verzeiht Ihnen das Leben; es heilt die Wunde, schenkt Ihnen eine neue Haut und ein neues Gewebe. Das Leben hegt keinen Groll gegen Sie. Auch wenn Sie sich tief in die Hand schneiden, verzeiht Ihnen das Leben. Neue Zellen bilden eine Brücke über dem Schnitt, und Sie erfahren eine wunderbare Heilung. Das Leben verzeiht Ihnen immer. Es gibt und vergibt. Und auch wenn Sie verdorbene Nahrung zu sich nehmen, verzeiht Ihnen das Leben; es veranlasst Sie, jene wieder auszuspeien. Das Leben trägt Ihnen nichts nach.

Wir müssen lernen, das Lebensprinzip richtig anzuwenden, und aufhören, gegen den Strom des Lebens anzuschwimmen. Wenn ein Kind zur Welt kommt, individualisiert sich das universelle Leben und erscheint in Ihrem Zuhause. Das Kleinkind hat kein Urteils- oder Unterscheidungsvermögen. Es hat noch nicht begonnen, seinen Verstand zu benutzen. Folglich ist es den Stimmungen und Einstellungen seiner Eltern unterworfen.

Jedes Kind möchte seinen inneren Trieben folgen. Es denkt sich nichts Böses dabei. Aber der Elternteil, der das nicht versteht, sagt: »Du kleiner frecher Balg. Du bist ein Sünder. Du bist böse. Du bist ein schlechter Junge, ein ungezogenes Mädchen. Gott wird dich bestrafen. Dafür wirst du leiden müssen.« Das Kind ist verblüfft. Es kann nicht begreifen, was verkehrt ist, eben weil es ihm an Urteilsvermögen fehlt. Also fühlt es sich abgeschnitten von Liebe, Zuneigung und Sicherheit – von jenen Empfindungen, die es gerade in der Mutter verkörpert sieht. Es glaubt, sie sei wütend, und reagiert vielleicht in der Weise, dass es nachts das Bett nässt. Psychologen zufolge weist dieses Verhalten darauf hin, dass das Kind seine Mutter im Ressentiment ertränken will. Die Reaktion des Kindes mag sich auch in Schüchternheit, Schwäche oder einem tiefem Gefühl von Minderwertigkeit oder Zurückweisung äußern.

Ein Junge mag auf seinen grausamen, tyrannischen Vater aggressiv, feindselig und gereizt reagieren. Aber er weiß, dass sein Vater ein großer Mann ist, und so unterdrückt er die Wut, die dann zu einer eiternden Wunde wird. Später findet er sich im Widerstreit mit jeder Art von Autorität, da er in jungen Jahren gegen seinen Vater war. Er gerät in Konflikt mit dem Lehrer, mit der Polizei und anderen Autoritäten. Immer bekämpft er dabei seinen Vater. Das ist ihm jedoch nicht bewusst, weil niemand ihm beigebracht hat, wie sein Geist arbeitet.

Selbst der Präsident der Vereinigten Staaten ist der Autorität unterworfen. Der Kongress hat Macht über ihn. Wir alle müssen uns Autoritäten anpassen. Wohin wir auch gehen, stoßen wir auf sie. Wir müssen lernen, unsere Gedanken, Gefühle und Reaktionen zu beherrschen. Wir müssen unseren Geist in den Griff bekommen. Wenn wir die kunterbunten Gedanken in unserem Kopf kontrollieren und ihnen zu verstehen geben: »Ich bin der Herr im Haus, der euch Befehle erteilt und sagt, worauf ihr achten sollt!«, dann gleichen wir einem Chef, der die Angestellten beauftragt, seine Anweisungen auszuführen.

Sie müssen über Ihr Denken bestimmen und dürfen nicht zulassen, dass andere es für Sie tun. Glaubensbekenntnis, Dogma, Tradition, Aberglaube und Angst steuern das Denken des Durchschnittsmenschen. Die größte Wüste der Welt ist nicht die Sahara, sondern der Geist des Normalbürgers. Er hat ihn überhaupt nicht im Griff. Sein Geist gehört ihm nicht wirklich, sondern wird oft von willensstarken Familienmitgliedern oder anderen Autoritätspersonen dominiert.

Wir müssen erkennen, dass ein tiefes Schuldgefühl aus dem so genannten Gewissen kommt. Viele Menschen meinen, die Stimme des Gewissens sei die von Gott. Das ist falsch. Das Gewissen ist Ihr inneres Gefühl und oft die Stimme von jemand anderem – die Stimme der Unwissenheit, der Angst, des Aberglaubens, der Lüge und der verworrenen Vorstellungen von einem strafenden Gott.

Ich kannte einen Jungen, der befürchtete, Gott würde ihn bestrafen, weil er sonntags nicht zur Kirche ging. Das ist die innere Stimme des Aberglaubens und der falschen Überzeugung, die Eltern, Priester oder Lehrer seinem Unterbewusstsein eingeprägt haben. Die verkehrte Ansicht beschwor in dem Jungen ein Schuldgefühl herauf, und so hatte er das Gefühl, bestraft werden zu müssen. Als Sie jung waren, wurden Ihnen Tabus, Beschränkungen, Moralpredigten und eine ganze Reihe von Verboten eingeimpft. Vielleicht hat man Ihnen gesagt, Sie seien böse, ein(e) Sünder(in), und würden dafür bestraft – oder ein Feuersturm erwartete Sie, wenn Sie sich nicht benehmen und zu einem vorgegebenen Glauben bekennen würden. Das Denken der

Kinder wird mit allen Arten von seltsamen Vorstellungen und falschen Lehrmeinungen verschmutzt und vergiftet.

Kinder sind besonders dann anfällig für Schuldgefühle, wenn sie ihren Eltern oder Lehrern nicht gehorchen. Sie werden warnend darauf hingewiesen, dass Ungehorsam zur Bestrafung führt – nicht nur durch die Eltern, sondern auch durch Gott. Das kann sich bei einigen Kindern verheerend auswirken. Es erzeugt bei ihnen einen Schuldkomplex, der möglicherweise ihr Leben zerstört. Weitaus besser wäre es, den Kindern zu erklären, warum ihr Tun verkehrt war, und sie angemessen zu bestrafen, indem man ihnen etwa eine Zeit lang verbietet auszugehen oder ein bestimmtes Privileg entzieht. Beschwören Sie in Ihrem Kind nicht die Angst vor der ewigen Verdammnis herauf. Teilen Sie ihm stattdessen mit, dass Gottes Liebe niemals endet und immer da sein wird, um ihm zu einem angenehmen Leben zu verhelfen.

Kindern sollte nie eingeredet werden, dass sie in der Sünde empfangen und geboren wurden. Das ist eine ungeheuerliche Lüge, eine Absurdität, die jeden weiteren Kommentar überflüssig macht. Vielmehr sollte ihnen beigebracht werden, dass sie Gottes Kinder sind. Wie Moses sagte: »Wir alle sind Kinder des ICH BIN«, und dieser Gott ist ihr eigentlicher Vater, die Liebe selbst. Gott ist auch Ihr Vater, das Lebensprinzip in Ihrem Innern. Er ist der Urahn von allem, der Vater aller Menschen auf dieser Welt, denn es gibt nur ein Lebensprinzip.

Die Kinder sollten lernen, dass Liebe nichts Liebloses tun kann. Der Friede kann nicht nach Schmerz verlangen, die Freude nicht nach Trauer. Es gibt viele Dinge, die Gott nicht tun kann. Er kann Sie zum Beispiel nicht bestrafen. Er kann nicht den Tod wünschen, denn das Leben kann diesen nicht wünschen. Sonst widerspräche es seiner eigenen Natur.

Ein gutes Gewissen hat, wer dem Kind die Goldene Regel beibringt: Nächstenliebe, Achtung vor den Eltern und Ehrlichkeit, die den besten Grundsatz darstellt. Wenn ein Kind versucht ist zu stehlen, ruft die Stimme in ihm: »Nein, das darfst du nicht; es gehört jemand anderem!« Vater und Mutter haben die Aufgabe, dem Kind den Unterschied zwischen Rattengift und Butter, zwischen Stinktier und Katze, zwischen dem Richtigen und dem Falschen klar zu machen. Das Kind muss zur Schule gehen. Es muss gute Umgangsformen lernen, in angemessener Weise erzogen und gebildet werden und erkennen, was richtig, wahr, edel und gottähnlich ist. Das Kind muss Einblick gewinnen in die universalen Prinzipien und ewigen, unveränderlichen Wahrheiten, die gestern so waren, wie sie morgen sein werden. Doch wie vielen Kindern bringt man heute diese Fähigkeiten und Eigenschaften nahe? Wir alle wünschen uns

Selbstachtung, wollen uns als würdige Mitglieder der Gemeinschaft fühlen und von den Nachbarn als ehrliche, zuverlässige und gute Menschen anerkannt werden.

Sie möchten, dass Ihre Kinder und Ihr Ehepartner Sie lieben. Sie sehnen sich nach dem Respekt der anderen. Wenn es Ihnen nicht gelingt, die eigene Persönlichkeit durch richtiges Handeln zum Ausdruck zu bringen, empfinden Sie ein Schuldgefühl, das Sie dazu veranlasst, sich selbst zu bestrafen.

Einige Menschen haben ernste Zweifel an ihren Prioritäten. Einerseits glauben sie, dass ihr Tun für die Familie und sie selbst am besten sei, andererseits stellen sie genau dies wieder in Frage. Zu jenen Personen gehörte auch Barbara L. Sie war eine sehr erfolgreiche Immobilienmaklerin, die ein Team von sieben Mitarbeitern leitete und von ihrer Firma als eine ihrer besten Fachkräfte bezeichnet wurde.

Barbara war eine allein erziehende Mutter mit zwei Kindern im schulpflichtigen Alter. Sie sorgte dafür, dass ihnen eine gute Pflege zuteil wurde. Die beiden besuchten eine renommierte Privatschule, hatten eine ganztägig beschäftigte Haushälterin, die ihnen das Essen zubereitete, auf ihre Bedürfnisse einging, sie zur Schule fuhr, dort abholte und zu vielen anderen Aktivitäten begleitete. Barbara musste oft auch abends und an den Wochenenden arbeiten, versuchte aber, die Zeit mit den Jungen auf sinnvolle Weise zu verbringen. Wenn sie zu Hause war, sprach sie mit ihnen, machte bei Spielen mit und half ihnen bei den Hausaufgaben. Trotzdem war sie nicht glücklich.

Sie erzählte mir, sie fühle sich zutiefst schuldig, keine gute Mutter zu sein: »Ich muss viele Stunden arbeiten und verfügbar sein, um den Interessenten Häuser zu zeigen, wann immer es ihnen passt, ob ich will oder nicht. Doch ich bin abhängig von meinem Job; nur so kann ich meine Kinder ernähren.«

Dieses Schuldgefühl hatte sich derart verstärkt, dass es ihre Gesundheit beeinträchtigte. Sie litt unter überhöhtem Blutdruck und häufig auch unter Schlaf- und Verdauungsstörungen.

Ich fragte sie, ob ihre Kinder wohlauf seien. »O ja«, erwiderte sie. »Beide sind gut in der Schule. Der Ältere ist im Baseballteam und hat viele Freunde. Der Jüngere interessiert sich mehr für Musik und absolviert erfolgreich seine Klavier- und Gitarrestunden. Sie mögen die Haushälterin und sind sehr liebevoll mir gegenüber. Ich glaube wirklich, dass sie glücklich sind.«

»Wenn die beiden glücklich und wohlauf sind, warum fühlen Sie sich dann so schuldig?« Wir sprachen darüber, und sie sagte: »Meine Mutter lehnt meinen Lebensstil ab. Sie war immer eine häusliche Mami, in der festen Überzeugung, dass eine Mutter sich zuallererst um die Kinder kümmern sollte. Ich mag dem nicht widersprechen. Ich könnte eine weniger anstrengende Arbeit finden und viel öfter zu Hause sein, aber mein jetziges Einkommen ermöglicht den Kindern die beste Ausbildung und Pflege. Meine Mutter meint, Gott werde mich dafür bestrafen, dass ich keine gute Mutter bin, und ich befürchte, dass sie Recht behalten könnte, und weiß nicht, was ich tun soll.«

Ich erklärte ihr, dass Gott einen weder verurteilen noch bestrafen könne – dass man selbst derlei tue. Wenn man anderen Leuten die Kontrolle über sein Denken zugestehe, verliere man die gottgegebene Freiheit, Entscheidungen nach eigenem Gutdünken zu treffen. Sie lasse zu, dass in ihrem Unterbewusstsein die Gefühle der Mutter an die Stelle der ihren träten, und daraus resultierten Konflikt und Schuldgefühl. Gewiss sollten wir unsere Eltern achten, wie die Bibel sagt, aber das heiße nicht, dass sie immer Recht haben. Was für jene richtig ist, sei nicht unbedingt für einen selbst richtig. Sie müsse ihr Bewusstsein durch Gebet und Meditation mit positiven Gedanken nähren, dann verdränge es die von der Mutter gestreuten Samen aus dem Unterbewusstsein. Sie solle sich das folgende Gebet an ihren Spiegel heften, damit sie es jeden Morgen nach dem Aufstehen und jeden Abend vor dem Schlafengehen sehe:

»Das Reich Gottes ist in mir. Die unendliche Intelligenz wird mich auf all meinen Wegen führen, sobald ich mich ihr zuwende und sie anrufe.«

Selbsthass ist unter allen geistigen Giften das zerstörerischste. Er beraubt einen der Lebenskraft sowie der Begeisterungsfähigkeit und kann jedes Körperorgan angreifen. Wenn ein Glas mit schmutzigem Wasser vor einem steht, mag man es endlos verurteilen und verfluchen, aber dadurch wird man kein sauberes Wasser bekommen. Gießt man dagegen fortwährend frisches Wasser hinzu, hat man schließlich nur noch sauberes Wasser. Welches Unheil Sie früher auch angerichtet haben – ob Sie ein Mörder, ein Dieb, ein Betrüger oder irgendein anderer Missetäter waren –, wenn Sie jetzt damit aufhören, sich umbesinnen, die Liebe, den Frieden, die Harmonie Gottes durch Ihren Geist strömen lassen und aufrichtig an Ihrer inneren Transformation arbeiten, dann ist die Vergangenheit abgehakt und für immer vergessen.

Für das geistige Prinzip gibt es weder Zeit noch Raum. Wenn Sie 50 Jahre lang die Gesetze der Chemie falsch angewendet hätten, diese aber nun erneut studierten und wunderbare Verbindungen zutage förderten, würden Sie mir dann etwa sagen, das Prinzip der Chemie hege wegen des falschen Gebrauchs Groll gegen Sie? Das Prinzip Ihres Geistes wirkt genauso wie das der Chemie. Es trägt Ihnen nichts nach. Verzeihen Sie sich und setzen Sie Ihren Weg fort.

Oft wurde ich gebeten, meine Vorstellungen bezüglich eines bestimmten Themas in verknappter Form wiederzugeben, indem ich meinen Zuhörern oder Lesern eine entsprechende Liste mit Hinweisen und Empfehlungen zur Verfügung stelle. Deshalb folgen hier zehn Grundregeln, wie man mit Schuldgefühlen fertig werden kann:

1. Wir sind nicht mit einem Schuldgefühl zur Welt gekommen. Das Schuldgefühl ist eine seelische Krankheit, es ist unnatürlich und anormal.
2. Was wir gerne hätten, müssen wir uns zunächst vorstellen und es dann unserem Unterbewusstsein einprägen.
3. Das Gewissen ist unser inneres Gefühl und beruht nicht unbedingt auf Wahrheit. Häufig ist es die Stimme der Unwissenheit, der Angst, des Aberglaubens und der Vorurteile, die uns durch Eltern oder andere Autoritätspersonen eingeimpft wurden.
4. Es ist verkehrt, Kindern mit dem Ausspruch zu drohen: »Gott wird dich bestrafen.« Gott bestraft niemanden.
5. Lassen Sie sich nicht von Ihrem Gewissen leiten. Ihre oberste Instanz ist Gott, das heißt jene unendliche Intelligenz, die Sie zu einem angenehmen (»gottähnlichen«) Leben führt.
6. Kulturen, Religionen und ethnische Gruppen ha-

ben jeweils unterschiedliche Vorstellungen vom »Gewissen«.

7. Was »gottähnlich« ist, kann keine Religion diktieren. Gott weiß nichts von Glaubensbekenntnissen, Dogmen oder sektiererischen Auffassungen. Gott ist über allem.
8. Gott allein sollte Ihr geistiger Führer sein.
9. Viele Menschen werden in die Irre geführt und sind voller Schuldgefühle, weil sie als richtig akzeptieren, was eigentlich falsch ist.
10. Gott möchte, dass wir glücklich sind. Sein Gesetz ist das Gesetz der Gesundheit, des Glücks, des Friedens, der Ordnung, der Schönheit, der guten Taten und der Fülle.

Zusammenfassung

* Wir müssen lernen, das Lebensprinzip richtig anzuwenden, und aufhören, gegen den Strom des Lebens anzuschwimmen. Wenn ein Kind geboren wird, individualisiert sich das universelle Leben und erscheint in Ihrem Zuhause. Das Kind hat weder Urteils- noch Unterscheidungsvermögen. Es hat noch nicht angefangen, seinen Verstand zu benutzen. Daher ist es den Stimmungen und Einstellungen seiner Eltern unterworfen.

* Sie müssen selbst über Ihr Denken bestimmen und dürfen nicht zulassen, dass andere es für Sie tun. Glaubensbekenntnis, Dogma, Tradition, Aberglaube, Angst und Unwissenheit beherrschen das Denken des Durchschnittsmenschen. Die größte Wüste der Welt befindet sich im Geist des Normalbürgers. Er hat ihn überhaupt nicht im Griff. Sein Geist gehört ihm nicht wirklich, sondern wird oft von willensstarken Eltern oder anderen Autoritätspersonen dominiert.

* Kinder sind besonders dann anfällig für Schuldgefühle, wenn sie ihren Eltern oder Lehrern nicht gehorchen. Sie werden warnend darauf hingewiesen, dass Ungehorsam zur Bestrafung führt – nicht nur durch die Eltern, sondern auch durch Gott. Das kann bei einigen Kindern verheerende Auswirkungen haben. Es erzeugt einen Schuldkomplex, der möglicherweise ihr Leben zerstört. Beschwören Sie in Ihrem Kind nicht die Angst vor der ewigen Verdammnis herauf. Teilen Sie ihm stattdessen mit, dass Gottes Liebe niemals endet und immer da sein wird, um ihm zu einem angenehmen Leben zu verhelfen.

* Wenn Sie andere Menschen über Ihr Denken bestimmen lassen, verlieren Sie die gottgegebene Freiheit, Entscheidungen nach eigenem Gutdünken zu tref-

fen. Sie müssen der Stimme des Herzens folgen, das heißt Ihrem Unterbewusstsein, und zugleich durch Gebet und Meditation Ihr Bewusstsein mit positiven Gedanken nähren; dann wird es die von anderen Menschen gestreuten Samen der Schuld aus dem Unterbewusstsein verdrängen.

* Selbsthass ist unter allen geistigen Giften das zerstörerischste. Es beraubt Sie der Lebenskraft sowie der Begeisterungsfähigkeit und kann jedes Ihrer Körperorgane beeinträchtigen. Wenn Sie die Liebe, den Frieden, die Harmonie Gottes durch Ihren Geist strömen lassen und aufrichtig an Ihrer inneren Transformation arbeiten, ist die Vergangenheit abgehakt und für immer vergessen.

3. Kapitel

Die Angst endgültig beherrschen

Der folgenschwerste aller krankhaften seelischen Zustände, die sich auf so verheerende Weise im menschlichen Körper widerspiegeln, ist die Angst. Sie reicht von tiefer Bestürzung, Entsetzen oder Schrecken bis zur leisen Ahnung von bevorstehendem Übel. Doch stets hinterlässt sie einen lähmenden Eindruck auf den inneren Zentren des Lebens und kann in jedem Körpergewebe eine ganze Reihe unterschiedlicher Symptome hervorrufen.

Angst ähnelt einem Giftgas, das in die eigene Atmosphäre ausgestoßen wird. Sie führt zur seelischen, geistigen und moralischen Erstickung – und manchmal auch zum Tod: zum Absterben der Energie, des Gewebes und jeder Entwicklung.

In diesem Kapitel werden wir untersuchen, wie die Angst Sie daran hindert, erfolgreich zu sein, und was Sie tun können, um solch schädlichen Einfluss zu unterbinden und neuen Mut zu fassen. Beginnen wir mit der festen Überzeugung, dass Sie und Gott eins sind. Mit Gott sein heißt in der Mehrheit sein; und wenn Gott für Sie ist, wer könnte dann gegen Sie sein? Das Lebensprinzip ist immer für Sie. Es heilt einen Schnitt an Ihrem Finger, lindert Ihre Brandwunde, überzieht diese mit neuem Gewebe und neuer Haut und veranlasst Sie, verdorbene Nahrung zu erbrechen. Es ist stets bemüht, Sie zu behüten, zu heilen und wiederherzustellen.

Prägen Sie also Ihrem Unterbewusstsein regelmäßig ein, dass Sie göttlich sind. Es möchte, dass Sie dies unaufhörlich wiederholen, denn Vorstellungen werden ihm durch Wiederholung, Glauben und frohe Erwartung übermittelt. Fahren Sie damit fort, so oft es nur geht, und erkennen Sie, dass Gottes Gegenwart Ihnen innewohnt und dass Sie mit ihr eins sind. Sie sind göttlich. Sie sind ein Sohn, eine Tochter des lebendigen Gottes, Erbe all seiner Reichtümer. Seine ganze Kraft fließt in den Brennpunkt Ihrer Aufmerksamkeit.

Es gibt zahlreiche Menschen, die einfach Angst haben zu leben, die zutiefst erschrocken sind, weil sie sich vor dem sicheren Tod fürchten. Sie wissen nicht, wie sie die ungeheure Angst loswerden sollen, die sie verzehrt und verfolgt von der Wiege bis zum Grab.

Viele sind ständig in Furcht vor einem nahenden Übel. Dieses Gefühl quält sie noch in ihren seligsten Augenblicken. Ihr Glück ist damit vergiftet, sodass sie nie großes Vergnügen oder Behagen bei etwas empfinden. Die Furcht ist der Geist beim Bankett, das

Gespenst im Schrank. Sie ist tief in ihrem Leben verwurzelt und zeigt sich besonders in extremer Schüchternheit und Befangenheit.

Einige Leute ängstigen sich vor fast allem; vor einem Luftzug, einem Frösteln oder einer Erkältung. Sie scheuen sich, das zu essen, was sie gern mögen, oder geschäftliche Wagnisse einzugehen, weil sie ihr Geld verlieren könnten. Sie haben einen Horror vor der öffentlichen Meinung oder dem, was die Nachbarn über sie denken. Sie fürchten sich vor harten Zeiten, vor der Armut, dem Versagen, der Missernte, dem Blitz, dem Wirbelsturm ... Ihr ganzes Leben ist erfüllt von Angst, Angst, Angst.

Durch unsere Angst und Sorge ziehen wir gerade das an, was wir befürchten. Die chronische Angst schadet der Gesundheit, lähmt die Leistungskraft und verkürzt das Leben. Zweifel und Angst bedeuten Scheitern. Die Angst ist pessimistisch, der Glaube dagegen optimistisch.

Die Angst in all ihren verschiedenen Erscheinungsformen wie Sorge, Unruhe, Wut, Eifersucht, Schüchternheit ist der schlimmste Feind der Menschheit. Sie hat ihr mehr Glück und Leistungsfähigkeit geraubt, mehr Leute zu Feiglingen, zu Versagern gemacht oder zur Mittelmäßigkeit gezwungen als irgendeine andere Misere.

Angst ist völlig unnötig. Sagen Sie sich das immer

wieder. Dann wird Ihr Unterbewusstsein es allmählich akzeptieren und glauben, eben weil Sie es in Ihrem logisch denkenden Bewusstsein glauben. Was immer das Bewusstsein wirklich glaubt, wird das Unterbewusstsein verstärken und irgendwann zum Ausdruck bringen. Schwanken Sie nicht, hüten Sie sich vor Zweideutigkeit. Ihr Unterbewusstsein weiß genau, wann Sie aufrichtig sind, wann Sie tatsächlich an etwas glauben; dann wird es auch entsprechend reagieren.

Sagen Sie sich regelmäßig, dass Gott Ihnen innewohnt, dass Sie göttlich sind, dass die Allmacht zu Ihren Gunsten wirkt. Sagen Sie sich, wenn Sie herausgefordert werden, wenn Sie irgendeine Art von Problem haben, dass das Göttliche all dem überlegen ist. Das Problem ist da, doch die Gegenwart Gottes ist ebenfalls da. Sagen Sie es sich, wenn Sie Auto fahren, wenn Sie sich schlafen legen, wenn Sie mit jemandem reden. Erkennen Sie, dass Gott durch Sie denkt, spricht, handelt. Und sehen Sie ein, dass es immer funktioniert.

Wenn die Angst Sie überkommt, so sagen Sie: »Der Glaube an Gott öffnet die Tür meines Geistes, und dort ist niemand.« Machen Sie sich bewusst, dass Sie mit dieser göttlichen Macht eins sind. Sie stimmen jetzt mit ihr überein, und starke Kräfte werden Ihnen zur Seite stehen. Sie sind eins mit dem Unendlichen, mit dem Leben, mit allen Wesen und Dingen.

In der Bibel heißt es: »Er führet mich auf rechter Straße um seines Namens willen. Und ob ich schon wanderte im finstern Tal, fürchte ich kein Unglück; denn du bist bei mir, dein Stecken und Stab trösten mich … Gutes und Barmherzigkeit werden mir folgen mein Leben lang, und ich werde bleiben im Hause des Herrn immerdar.« (Psalm 23, 3–6) Ihr Geist ist das Haus Gottes. Dort gehen und sprechen Sie mit der höchsten Intelligenz, der unendlichen Gegenwart und Macht.

Wenn Sie furchtsam sind oder negativen Gedanken nachhängen, schwingen Sie auf einer sehr niedrigen Ebene. Wenn Sie dagegen über einen Psalm meditieren, schwingen Sie auf immer höheren Ebenen, indem Sie sich sagen: »Der Herr ist mein Hirte, mir wird an nichts mangeln … Die Gegenwart Gottes ist genau dort, wo ich bin … Ich fürchte kein Unglück, denn du bist bei mir … Ich weile am geheimen Ort des Höchsten und bleibe im Schatten des Allmächtigen … Ich spreche zum Herrn: Meine Zuversicht und meine Burg, mein Gott, auf den ich hoffe … Er wird mich mit seinen Federn bedecken, und ich werde Zuflucht haben unter seinen Flügeln … Seine Wahrheit ist mein Schirm und Schild.«

Bekräftigen Sie immer wieder: »Gott führt mich jetzt. Die Gegenwart Gottes ist bei mir.« Damit vergeistigen Sie Ihr Denken. Ihre Gedanken sind nun Gottes Gedanken und werden von der ganzen Kraft Gottes durchströmt. Das ist die eigentliche Bedeutung des Satzes, der zu Beginn dieses Kapitels steht: Mit Gott sein heißt in der Mehrheit sein. Denn Ihr Gedanke ist die einzige immaterielle Kraft, und er wirkt schöpferisch. Besinnen Sie sich daher auf Harmonie; malen Sie sich aus, dass die unendliche Liebe Ihr Inneres durchflutet, Sie belebt, heilt und wiederherstellt. Diese vergeistigten Gedanken haben eine sehr hohe Frequenz und Schwingung.

Aber was geschieht mit den schlimmen, negativen Gedanken – mit der Angst, der bösen Vorahnung von Zerstörung, Unglück, Naturkatastrophen und dergleichen? Wenn Sie sich sagen: »Oh, vielleicht kommt ein weiteres Erdbeben, das mein Haus zum Einsturz bringt«, so richten Sie Ihre Gedanken neu aus und sagen Sie: »Gottes Liebe umgibt und umhüllt mich. Seine Gegenwart (also die Gegenwart von Harmonie, Schönheit, Liebe und Frieden) bewohnt mein Haus. Seine Liebe durchdringt die Wände, die Atmosphäre.« Wo immer Sie sind, ob Sie wachen oder schlafen, ob Sie die Straße entlang gehen oder hinter Ihrem Schreibtisch sitzen: Gottes Liebe umgibt und umhüllt Sie. Sie sind immun, von Gott berauscht. Sie haben keine Angst.

Sie fürchten sich vor nichts in der Vergangenheit, in der Gegenwart, in der Zukunft. Sie haben keine Angst vor Menschen, Bedingungen oder Ereignissen, denn der ewige Gott ist Ihr Wohnort; dort verfügen Sie über die unverwüstlichen Waffen der Weisheit, Wahrheit und Schönheit. Sie sind versunken in die heilige Allgegenwart. In ihr leben wir, wirken wir, haben wir unser Sein. Und sie lebt, wirkt und hat ihr Sein in uns.

Jetzt schwingen Sie auf einer spirituellen Frequenz. Und genauso wie der Ton verstummt, wenn Sie den Finger auf eine angeschlagene Stimmgabel legen, ist dies das Ende der negativen oder ängstlichen Schwingung – das Ende des Übels, das nur eine falsche Vorstellung von Gott, dem unendlichen Einen und seiner unendlichen Güte ist.

Wenn wir voller Angst sind, glauben wir eher an das Böse als an die Gegenwart Gottes. Das ist erschreckend, aber es stimmt. Die Angst ist gleichsam der ins Gegenteil verkehrte Gott. Sie glauben daran, dass morgens die Sonne aufgeht; dass Sie ihren Wagen fahren können; dass Sie eine Antwort erhalten werden, wenn Sie um Unterweisung bitten. Doch viele Menschen glauben an das Falsche. Sie sehen dem Unglück entgegen. Sie arbeiten im Büro und fürchten sich vor ihrer Tätigkeit. Sie haben Angst, ihr Geld zu verlieren, oder davor, was mit ihnen im Alter geschehen wird – anstatt zu erkennen: »Ich bin stets an meinem wahren Platz. Gott ist meine Vorratsquelle; all meine Bedürfnisse werden jederzeit und an jedem Punkt des Raumes befriedigt. Gott ist mein sofort verfügbares, unerschöpfliches Reservoir, und so wird mir nie etwas fehlen. Ich bin immer gewinnbringend beschäftigt. Ich arbeite immer für Ihn und lebe ewig.«

Warum sollten Sie auf die Bemerkung eines anderen Menschen mit Bestürzung, Wut oder Angst reagieren? Trägt jene in irgendeiner Weise zu Ihrem Erfolg, Glück, Frieden oder zu Ihrem Versagen bei? Nein. Sein Gedanke hat keine Macht. Ihre Macht liegt in Ihren Gedanken an das Gute. Jemand mag Lügen über Sie verbreiten, woraufhin Sie sagen: »Oh, er bringt mich ganz durcheinander. Er erzählt Lügengeschichten über mich.« Und Sie sind zutiefst ängstlich und wütend. Doch ist es wirklich die Meinung des Anderen, die Sie in diesen Zustand versetzt? Nein. Wovon werden Sie beherrscht? Von Ihrer Überzeugung oder seiner? Von Ihrem Gedanken oder seinem? Haben Sie Ihr Denken fest im Griff? Oder gestatten Sie einigen Leuten, es zu manipulieren? Wer denkt für Sie? Treffen Sie Ihre Entscheidungen selbst? Denken Sie eigenständig? Sie sind im Himmelreich. Das heißt, Sie sind Herr über das Reich Ihrer Vorstellungen, und dieses ist Ihr Geist. Sie haben die Autorität, die Verfügungsgewalt über Ihre Gedanken, Gefühle, Wahrnehmungen und Handlungen. Deshalb befindet sich das Himmelreich in Ihnen. Es ist kein jenseitiger Ort, an den Sie sich begeben müssten; Sie sind schon da.

Warum unterwerfen Sie sich dem Gedanken von jemand anders? Warum würdigen sie nicht Ihren eigenen Gedanken? Dieser ist göttlich, schöpferisch und stammt allein von Gott. Die Fähigkeit des Geistes liegt im Denken. Sie sind Geist. Wann waren Sie es nicht? Sie sind auch jetzt Geist und werden es immer sein. Haben Sie einen gesunden, ehrfürchtigen Respekt vor Ihrem Gedanken, denn er ist Ihr Gebet. Was Sie fühlen, das ziehen Sie an; was Sie sich vorstellen, das werden Sie.

Ihr Gedanke beherrscht und leitet Sie, niemand sonst. Stehen Sie also aufrecht und sagen Sie: »Ich bin eins mit dem Unendlichen, das lächelnd in mir ruht.« Nur das Endliche hat sich verausgabt und gelitten, aber das Unendliche ruht lächelnd im Innern.

Sobald Ihnen ein ängstlicher Gedanke kommt, verdrängen Sie ihn und erklären: »Gott liebt mich und sorgt für mich. Der heilige Kreis der ewigen Liebe Gottes umgibt mich. Seine Rüstung umhüllt und beschützt mich rundum. Und die göttliche Liebe geht mir voraus, ebnet und vervollkommnet meinen Weg.«

Ein Pilot erzählte mir: »Ich habe nie Angst, wenn ich ein Flugzeug steuere, ob ich nach Norden oder Süden, nach Westen oder Osten fliege, denn ich bin ein Pilot für Gott. Ich fliege für Ihn. Und ich bin im Himmel so sicher wie auf der Erde. Mir kann nie etwas widerfahren. Das ist ausgeschlossen. Denn ich bin immer vom heiligen Kreis der ewigen Liebe Gottes umgeben.«

Robby Wright, ein Bursche, der in meinem Aufnahmestudio arbeitet, besitzt einen ungeheuren Glauben und empfindet tiefe Ehrfurcht vor dem Göttlichen. Alles, worum er bittet, wird ihm zuteil. Den Grund dafür erklärt er folgendermaßen: »Die Urquelle ist Gott. Deshalb gilt: Um was auch immer ich bitte, ist bereits vorhanden. Wenn dem nicht so wäre, könnte ich es mir gar nicht vorstellen.« Ob er also um ein Fahrrad, ein Auto, eine Reise nach Europa oder um irgendetwas anderes bittet – er weiß, dass die günstige Antwort schon erfolgt ist, ehe er die Frage stellt. Er wendet sich nie an eine Person, einen Ort oder eine Sache, sondern an die Quelle selbst. Das ist ein gescheiter junger Mann.

Glauben Sie also an die Güte und an das richtige Handeln Gottes sowie an die Führung jenes unendlichen Einen in Ihrem Innern. Vertrauen Sie auf die ewigen Prinzipien und die unveränderlichen Gesetze Gottes. Verlassen Sie sich auf Ihren Geist; denn jede Vorstellung, die Sie gedanklich nähren, unterstützen, verstärken und zugleich tief empfinden, sinkt durch den Prozess der inneren Osmose in Ihr Unterbewusstsein, wo sie wie ein Samen stirbt und die eigene Energie an eine andere Erscheinungsform ihrer selbst weitergibt. Und was ist diese Energie? Die Freude des beantworteten Gebets. Schließlich muss der Samen des Korns sterben, damit es gedeiht und wir eine gute Ernte haben;

und auch der Samen des Apfels muss vergehen, ehe wir einen Apfel in der Hand halten können.

Desgleichen ist Ihr Verlangen ein Geschenk Gottes. Daher verspottet Gott Sie nicht. Sie sagen: »Gott, der mir diesen Wunsch eingab, offenbart auch den vollkommenen Plan zu seiner Verwirklichung.« Dann sinnen Sie über dieses Ziel nach. Der Glaube ist Ihre geistige Einstellung, Ihr wesentlicher Gedanke. Was immer Sie Ihrem Unterbewusstsein einprägen, kommt im Spiegel des Raumes zum Vorschein. In keinem heiligen Buch der Menschheit steht geschrieben, dass Sie an Judaismus, Katholizismus, Buddhismus, Shintoismus oder irgendeinen anderen Ismus glauben müssen. Vielmehr glauben Sie an die schöpferischen Gesetze Ihres eigenen Geistes; an die Güte Gottes im Reich des Lebendigen; an die unendliche Intelligenz, die auf Ihr Denken reagiert. Sie antwortet jedem, sogar dem Atheisten oder Agnostiker. Und noch bevor Sie jene Intelligenz anrufen, ist die Antwort schon da, immer.

Der Glaube als geistige Einstellung ist das, was Sie erwarten, worauf Sie Ihre Aufmerksamkeit richten. Die Dinge, die Sie sich lebhaft vorstellen, werden irgendwann Wirklichkeit. Einige Leute fürchten sich vor dem Alter. Dieses aber ist nicht das Symbol der Vergänglichkeit, sondern das Erwachen der Weisheit. Manche haben Angst vor dem Tod. Dazu besteht kein Anlass.

Der Tod ist einfach eine Neugeburt, nichts weiter. Jeden Abend legen Sie sich schlafen. Auch der Tod sei ein Schlaf, sagen die Unwissenden. Sie fürchten sich vor den Dingen, die ihrer Meinung nach nicht existieren. Doch eigentlich sind Sie hellwach und lebendig, und Ihr Leben ist Gottes Leben. Sie sind jetzt lebendig. Gott ist das ewige Leben. Da Gott lebt, leben auch Sie. Gott kann nicht sterben; folglich können Sie nicht sterben.

Erkennen Sie, dass Gott gewissermaßen Ihr Leiter ist, dass Seine Gegenwart stets für Sie sorgt. Die große Tänzerin sagt: »Ich tanze für Ihn.« Der große Sänger erklärt: »Gott singt durch mich in erhabenen Rhythmen.« Er gebietet über jene innere Kraft und Weisheit. Er ruft sie an, und sie antwortet ihm. Natürlich erhält er Auszeichnungen und hohe Gagen. Das Lob des Publikums ist ihm sicher, aber er sucht es nicht. Er wendet sich an die Urquelle, und all jene Dinge fallen ihm zu.

Suchen Sie zuerst nach dem Reich Gottes, dann werden Ihnen Ehrungen, Reichtum und alles Übrige automatisch zuteil. Es wird Ihnen nie an etwas mangeln. Wenn jemand eine negative Bemerkung über Sie macht, so verweilen Sie im Geiste bei dem biblischen Gedanken: »Ich fürchte kein Unglück, denn du bist bei mir, dein Stecken und Stab trösten mich …« Die vollkommene Liebe vertreibt die Furcht, denn Furcht bedeutet Qual. Der sich fürchtet, wird nicht vervollkommnet in der Liebe.

Ängstliche Menschen sind häufig sehr egoistisch. Eingeschlossen in ihre kleine Welt, reißen sie alles an sich. Die Liebe dagegen teilt sich mit, strömt aus. Wer sich fürchtet, ist in krankhafter Introspektion befangen und glaubt, jemand werde ihn verletzen oder böse Geister könnten ihn beherrschen. All das zeugt von Unwissenheit. Die Unwissenheit ist die einzige Sünde überhaupt, und sie hat jede Art von Strafe zur Folge. Ja, sie ist der einzige Teufel in der Welt.

Wenn Sie an äußere Mächte glauben, verleugnen Sie die eine wahre Ursache, die als Einheit wirkt. Sie ist das Lebensprinzip in Ihrem Innern, das immerzu danach strebt, sich in Liebe, Freude, Seligkeit und richtigem Handeln zu manifestieren. Wenn wir uns ängstigen, sind wir auf falsche Weise selbstbezogen. Hören Sie also auf, eine Mauer um sich zu errichten und zu behaupten: »Man wird mir weh tun.« Sehen Sie ein, dass Gott ist und dass alles, was existiert, Gott ist. Werden Sie sich klar darüber, dass die Liebe Gottes Sie umgibt und einhüllt. Sagen Sie sich: »Gott geht und spricht in mir. Ich weiß, dass ich eins bin mit meinem Vater, und mein Vater ist Gott. Ich glaube an Ihn; daher fürchte ich mich nicht.« Sei ohne Angst, kleine Herde, denn es ist deines Vaters große Freude, dir das Himmelreich zu schenken.

Zweifeln Sie nicht mehr daran, dass die göttliche Liebe Ihre Hülle ist; dass Gottes Macht Ihre Gedanken an das Gute durchdringt und dass Sie versunken sind in die heilige Allgegenwart. Gott sei mit Ihnen.

Die Furcht vor dem Herrn ist der Beginn der Weisheit. Wenn Sie die Gesetze der Elektrizität lernen, wenden Sie sie mit äußerster Vorsicht an, denn Sie kennen die Konsequenzen, die eine einzige Unachtsamkeit haben kann. Sie wissen, was geschehen wird, wenn Sie die Hand auf einen nicht isolierten Draht legen, der unter Strom steht, oder einen Kurzschluss verursachen. Sie machen sich mit den Theorien über Leitfähigkeit und Isolation vertraut, was eine gesunde Achtung und Ehrfurcht vor jenen Gesetzen bewirkt. Dann vermeiden sie, ihnen zuwiderzuhandeln.

Ebenso haben Sie, wenn Sie die Prinzipien der Chemie studieren, einen gesunden Respekt vor den vielfältigen Verbindungen, dem jeweiligen Atomgewicht usw., denn Sie kennen die verheerenden Folgen einer unüberlegten Mischung der Stoffe. Wenn Sie zum Beispiel Salpetersäure mit Glyzerin mischen, kommt es zu einer gewaltigen Explosion.

Furcht ist Ehrfurcht, ein gesunder Respekt. Diesen haben Sie auch vor dem Gesetz Ihres Geistes, sobald Sie begreifen, was aus dessen Missbrauch resultiert – denn Ihr Geist ist ebenfalls ein Prinzip. Nichts außer dem Triumph der Prinzipien kann uns Frieden gewähren, sagte Emerson. Sie haben einen gesunden Respekt vor dem Feuer, also strecken Sie nicht den Finger hinein.

Wenn Sie demnach wissen, dass Ihr Geist ein Prinzip darstellt, analog den Prinzipien der Physik und der Chemie, haben Sie zugleich einen sehr gesunden Respekt vor Ihrem Unterbewusstsein. Ein Prinzip ändert sich nicht. Gott ist der lebendige Geist, der Ihnen innewohnt, unendliche Intelligenz und grenzenlose Weisheit: die einzige Ursache, Kraft und Substanz in der Welt. Er ist der Allerhöchste und der Allmächtige. Wenn zwei Mächte existierten, gäbe es auch zwei Willen. Dann herrschte Chaos in der Welt. Nirgendwo wäre Ordnung, Symmetrie oder Proportion vorhanden.

Wenn Sie göttliche Gedanken hegen, lenkt Gottes Macht Ihre Gedanken auf das Gute. Sie können mit dem Unendlichen in Einklang kommen. Die einzige immaterielle Kraft, die Sie kennen, ist Ihr Gedanke. Am Anfang war das Wort. Das Wort war bei Gott, und das Wort war Gott. Das Wort ist ein zum Ausdruck gebrachter Gedanke. Wenn Sie sich der Macht Ihrer Gedanken bewusst geworden sind, haben Sie in gewissem Sinne Gott entdeckt. Das können Sie insbesondere mit der Hypnose beweisen. Sie legen einen Finger auf jemandes Hals und sagen: »Das ist ein rot glühender Schürhaken.« Die andere Person wird eine Brandblase bekommen. Also wissen Sie sehr wohl, dass Ihre Gedanken Fleisch werden, in Ihrem Leben Gestalt annehmen. Deshalb sollten Sie einen gesunden Respekt vor ihnen haben.

Wasser fließt den Berg hinunter. In gefrorenem Zustand zieht es sich zusammen. Es passt sich der Form jedes Gefäßes an, in die es gegossen wird. Diese und viele andere Eigenschaften bestimmen das Prinzip, aufgrund dessen das Wasser seine Wirkungen entfaltet. Ihr Geist wirkt in ähnlicher Weise. Wenn Sie Gutes denken, folgt daraus Gutes; wenn Sie Schlechtes denken, folgt daraus Schlechtes. Das Böse ist der Missbrauch des Gesetzes, die Missdeutung des Lebens. Es gibt nur eine Macht: den lebendigen allmächtigen Geist, der ununterschieden und unbestimmt ist – der aus sich selbst hervorgehende Geist.

Ihr Geist ist schöpferisch. Das heißt, Ihre Gedanken haben zeugende Kraft. Wenn Sie also Gutes denken, geschieht Gutes; wenn Sie Schlechtes denken, geschieht Schlechtes. Wenn Sie sagen: »Die unendliche heilsame Gegenwart kann mich jetzt heilen«, wird diese entsprechend reagieren. Sie können auch sagen: »Die unendliche Intelligenz leitet mich, wacht über mich auf all meinen Wegen.« Der Glaube ist eine geistige Einstellung. Er zeigt an, wie Sie Ihren Geist benutzen. Erkennen Sie daher, dass die Furcht ein Gedanke ist, den Sie selbst produziert haben. Sie ist nicht real –

nur ein Schatten in Ihrem Geist. Die Sache, vor der Sie sich fürchten, existiert gar nicht. Die Furcht ist der Glaube an das Falsche. (Sie ist sozusagen umgekehrter Glaube, umgekehrter Gott – eine verdrehte, krankhafte Vorstellung vom Leben.)

Die eingebildete Angst beeinträchtigt den Organismus, als wäre sie echt. Das Gleiche passiert, wenn Sie einem Jungen, der zu Hause im Stuhl sitzt, sagen, unten warte ein Kobold mit einem schwarzen Sack, um ihn mitzunehmen, weil er unartig war. Vor Schreck rührt er sich nicht mehr und wird ganz bleich. Doch der Gedanke hat keine Realität. Wenn Sie dann den Jungen mit nach unten nehmen und ihm zeigen, dass da kein Kobold ist, wird die Angst von ihm weichen. Aber sie hatte eine physische und physiologische Wirkung, als wäre sie tatsächlich begründet gewesen.

Basil King, der Autor von Conquest of Fear, schreibt, dass er im Begriff war zu erblinden. So unternahm er eine Reise nach Frankreich. Er war ein junger Mann, bedrückt, mutlos und voller Angst vor der Zukunft, der Blindheit und dem Alter. Er erinnerte sich an den Ausspruch eines Lehrers, den er einige Jahre zuvor gehört hatte: »Das innere Lebensprinzip (Gott) ist unzerstörbar, unverletzlich und ewig. Es liefert jedem Menschen das Hilfsmittel, das zur Befriedigung eines Bedürfnisses notwendig ist.« Der junge Mann dachte, die Natur sei grausam, roh und in der Welt herrsche das Böse vor. Er hatte seltsame Vorstellungen von Gott. An dieser Stelle könnte ich hinzufügen, dass Gut und Böse Bewegungen Ihres eigenen Geistes in Bezug auf jenes eine Sein sind, das in sich ewig ganz, rein und makellos ist.

Es kommt darauf an, welchen Gebrauch Sie von der ursprünglichen Kraft machen. Wie nutzen Sie die Elektrizität? Sie können damit ein Ei braten oder einen Menschen umbringen. Wie nutzen Sie Salpetersäure? Nun, Sie können damit jemanden blind machen oder Farbstoffe herstellen und eine Madonna auf ein Kirchenfenster malen. Wasser können Sie verwenden, um ein Kind zu ertränken oder um seinen Durst zu stillen. Gewiss sind diese Dinge an sich ebenso wenig böse wie die Naturkräfte. Der lebendige Geist ist Gottes Gegenwart in Ihrem Innern. Wie also setzen Sie ihn ein?

Jener Mann, der allmählich erblindete, meinte zunächst, die Natur sei grausam und roh, Gott bestrafe ihn usw. Dann wurde ihm jedoch klar, dass das Lebensprinzip in seinem Innern zugleich jedes Hindernis in der Welt überwunden hatte – ob Flutkatastrophe, Vulkanausbruch, Krieg oder andere Formen von Zerstörung. Und es wirkt weiterhin, unverletzlich und ewig. Sie können das Leben nicht zerstören; es ist einfach. Sie sind lebendig. Ihr Leben ist Gott. Das Lebensprinzip bedeckt die Tiere im Norden mit einem dicken Fell, jene in gemäßigten Zonen mit einem feinen Haarkleid und bestimmte Weichtiere mit einer Muschelschale, um sie zu schützen. Andere wiederum verfügen über eine giftige Flüssigkeit, die sie absondern, um sich ihrer Angreifer zu erwehren. Das Lebensprinzip trägt Sorge für alle Arten von Leben, auch für jene, die aus dem Meer kamen. Dieser gab es Beine, ließ sie aufrecht stehen; der anderen Art verlieh es Flügel, damit sie sich in die Lüfte schwingen konnte. Stets befriedigte das Lebensprinzip ein spezielles Bedürfnis.

Als unsere frühen Vorfahren dem Tiger begegneten, waren sie starr vor Schreck. Allmählich aber kam ihnen das Erwachen der Vernunft zustatten, die Vorstellungskraft und das Gedächtnis. Es gab eine Zeit, da die Menschen keine Erinnerung hatten. Später begannen sie zu denken; und die innere Macht reagierte auf ihre Gedanken.

Indem Basil King über die Macht in seinem Innern nachsann und meditierte, entdeckte er, dass das natürliche Prinzip – oder die Natur, das Leben – nicht grausam ist. Und als er sich gedanklich mit diesem Prinzip verband, kamen ihm mächtige Kräfte zu Hilfe. Er glaubte nicht länger an drei alte Männer, die auf Thronen sitzen: Vater, Sohn und Heiliger Geist. Vielmehr erkannte er, dass Gott das Lebensprinzip ist. Die Trinität ist Ihr Geist, Verstand und Körper – oder Geist, Verstand und Funktion, denn Sie brauchen einen Körper, um sich auszudrücken. Und der Verstand ist der Priester beziehungsweise der Vermittler zwischen dem Unsichtbaren und dem Sichtbaren, nämlich Ihrem Denken. Daher reagiert der Geist auf die Eigenart Ihrer Gedanken.

Der Durchschnittsmensch hat diese Gegenwart Gottes gleichsam in ein Schubfach gelegt, um sie an Sonntagen, religiösen Feiertagen, bei Geburten, Hochzeiten und Begräbnissen wieder hervorzuholen. Doch in der übrigen Zeit fristet die Gegenwart Gottes ein Schattendasein. Einige Leute schrecken davor zurück, den Ausdruck »Gott« zu benutzen. Andere wiederum schauen misstrauisch, wenn Gott erwähnt wird, weil sie ihn mit Glaubensbekenntnissen in Verbindung bringen – denn jeder hat eine eigene Vorstellung von Gott. Er aber ist Ihr Verstand, Ihr Geist und all das, was Sie denken. Da Ihr Gedanke schöpferisch wirkt, haben Sie einen gesunden Respekt vor ihm. Besinnen Sie sich also auf Harmonie, Frieden, Liebe, Schönheit und richtiges Handeln. Konzentrieren Sie sich auf die unendliche heilsame Gegenwart. Stellen Sie sich vor, dass der heilige Kreis der ewigen Liebe Gottes Sie umgibt.

Malen Sie sich einen Kreis aus, dessen Mitte Sie sind. Es ist ein Kreis der Liebe, des Friedens, der Harmonie und der Kraft. Nichts kann Sie berühren. Sie sind immun, von Gott berauscht. Sie befinden sich stets im heiligen Zentrum der ewigen Liebe Gottes.

Daraufhin verwarf Basil King alle sentimentalen Assoziationen hinsichtlich der Gottheit. Ihm wurde bewusst, dass Gott das Lebensprinzip in seinem Innern war, der Geist, der Verstand, der durch ihn wirksam wurde. In der Vereinigung mit dieser unendlichen schöpferischen Intelligenz merkte er, dass sie die Lösung zu jedem Problem darstellte. Er schrieb: »Diese Einsicht war der Beginn des Prozesses, in dem ich die Angst vertrieb, die mich blind machte und lähmte.«

Sie können die Angst erst dann überwinden, wenn Sie auf die Tatsache zurückkommen, dass es nur eine Macht gibt, eine Gegenwart, eine Ursache, eine Substanz. Folglich sollten Ihnen endlich dämmern, dass Sie, sobald Sie Ihre Aufmerksamkeit auf das Äußere richten, die eine Gegenwart und Macht leugnen. Ein wahrer Denker macht das geschöpfte Wesen oder Ding nicht größer als den Schöpfer. Klären Sie also Ihre Gedanken und begreifen Sie, dass Sie in Zukunft weder einer Person, einem Ort, einer Sache, einer Bedingung, einem Umstand noch der Sonne, dem Mond, den Sternen, dem Wasser, dem Wetter oder irgendeiner anderen Erscheinung in der Welt die Macht zugestehen werden, Sie zu verletzen oder zu beglücken. Sie erkennen ganz einfach, dass nur eine schöpferische Macht existiert: der Verstand und der Geist in Ihnen. Er ist allmächtig, über allem, in allem und aus allem – die einzige Ursache, der nichts sich widersetzen kann.

Wollen Sie mir sagen, was der Allmacht entgegentreten könnte? Gibt es so etwas? Bringen Sie es mir bei. Nennen Sie es mir. Lassen Sie mich einen Blick darauf werfen: Es hat keine Realität. Es ist ein Schatten in Ihrem Geist. Die Angst ist eine Ansammlung drohender Schatten. Sie bekämpfen einen Schatten in Ihrem Geist. Sie sind der Urheber Ihrer Ängste, und diese sind unwirklich.

Kehren Sie also zurück zu der einen Gegenwart und Macht. Wenn Sie sich weigern zu glauben, dass irgendeine Person oder Sache, Bedingung oder Gegebenheit Ihnen schaden kann, sind Sie auf dem richtigen Weg. Das ist Ihre große Ablehnung. Ihr folgt die große Bestätigung: Ich bin Gott, und es gibt keinen anderen Gott neben mir. Von Sonnenaufgang bis Sonnenuntergang gibt es niemanden sonst. Ich bin der Herr, dein Gott. Meine Herrlichkeit wirst du niemand anderem gewähren, noch meine Lobpreisung. Ich bin der Herr, dein Gott, der dich aus Ägypten führte, aus dem Haus der Gefangenschaft. Da ist kein anderer Gott vor mir. Ich bin, und da ist keiner sonst ... Und der Herr ist mein Licht und mein Heil. Wen sollte ich fürchten? Der Herr ist die Stärke meines Lebens; vor wem sollte ich Angst haben? Denn in Zeiten der Not wird er mich bergen in seinem Zelt. In seiner geheimen Hütte wird er mich verstecken. Er wird mich auf einen Felsen erhöhen, den Felsen der Wahrheit, den gleichen gestern, heute und in Ewigkeit.

Stehen Sie auf diesem Felsen? Er ist allmächtig, allwissend – der ewig lebende Eine, der allwissende Eine. Sie selbst sind die Trinität. Sie sind das Dreieck und der Kreis. Das Dreieck ist Geist, Verstand und Körper oder Funktion. Sie sind dieses Sein. Es gibt nur eine Macht, eine Gegenwart, und deren Quelle ist die Liebe. Sie kennt keinen Gegensatz. Sie ist das Lebensprinzip. Sie hat jeden Gegensatz in dieser Welt überwunden und fährt damit fort, Gegensätze zu überwinden. Nichts kann sich gegen sie auflehnen. Sie ist die Allmacht.

Henry David Thoreau schrieb, dass wir geboren werden, um erfolgreich zu sein, nicht um zu scheitern. Sie wurden geboren, um zu triumphieren. Wie könnte das Unendliche in Ihnen versagen? Meditieren Sie darüber.

Bemühen Sie sich nicht um Schmeicheleien, um Förderung und Auszeichnung von anderen. Wenden Sie sich nach innen, um zu erkennen, dass Sie sich selbst fördern; dass Erfolg, Harmonie, Schönheit und richtiges Handeln auf Ihrer Seite sind. Sobald Sie deren geistige Äquivalente in Ihrem Denken etabliert haben, kann kein Mensch, kein Ort oder Ding, keine Macht auf der Welt verhindern, dass Sie aufsteigen, anerkannt werden, sich zur Entfaltung bringen und Ihre Ziele erreichen, denn das Unendliche geht nicht fehl. Sie sind ein geistiges Wesen, eins mit dem Unendlichen. Sie wollen nicht andere Menschen beherrschen, sondern Ihre eigenen Gedanken und Gefühle, Aktionen und Reaktionen. Und das wollen Sie jetzt.

Viele glauben an böse Mächte, die ihnen Unheil bringen werden. Andere glauben an die Hölle, einen Feuersturm, der sie erwartet. All das ist natürlich völliger Unsinn. Der Glaube ist eine Einstellung, eine Erwartung. Einige rechnen damit, bei der Beförderung übergangen zu werden. Was immer Sie tief innen erwarten, werden Sie selbstverständlich auch erfahren. Wie können Sie an eine positive Zukunft glauben, wenn Sie sich zugleich vor Tod und Qual fürchten? Das passt nicht zusammen. Es gibt nur eine Macht.

»Gott ist überall, in allem, aus allem und alles in allem. Allgegenwärtig.« Wenn das zutrifft (und es trifft zu), dann ist kein Platz für eine andere Macht, nicht wahr?

Denken Sie nicht, Gott sei grausam und bestrafe Sie, Er habe für Sie eine Hölle geschaffen, weil Sie auf Abwege gerieten, als Sie nicht mehr ein noch aus wussten. Alle Menschen müssen irren, da wir uns nur auf diese Weise weiterentwickeln und den eigenen Horizont erweitern. Wer Angst vor der Zukunft oder dem Leben nach dem Tode eingeimpft und beigebracht bekam, dass Gott ein Gott der Angst ist, kann diese nicht überwinden. Doch Gott ist ein Gott der Liebe.

Um diese anormale Angst zu vertreiben, müssen Sie sich zurückbesinnen auf die fundamentale Wahrheit, dass es nur eine Macht gibt. Der Herr, dein Gott, ist ein Herr, eine Macht. Nicht zwei, drei oder tausend. Diese Macht wirkt als Einheit. Alles ist Liebe, Harmonie, Frieden. Bringen Sie sich damit in Einklang, und die Angst wird völlig verschwinden.

Wenn wir über die Psalmen meditieren und sagen: »Der Herr ist mein Hirte, mir wird nichts mangeln« oder »Die Gegenwart Gottes ist genau hier, wo ich bin« oder »Ich weile am geheimen Ort des Höchsten und Gott führt mich jetzt«, so denken wir geistig und schwingen auf einer höheren Frequenz. Das ist das Ende der niedrigen, negativen Schwingung, das Ende des Bösen, weil dieses nur eine falsche Vorstellung von Gott und der unendlichen Güte des ewigen Einen ist.

Sie besitzen die Fähigkeit, die Angst einfach dadurch zu neutralisieren und zu eliminieren, dass Sie den betreffenden Gedanken ändern. Die Angst bedrückt, unterdrückt, schnürt ein. Wenn man sich ihr überlässt, verwandelt sie eine positive, schöpferische Einstellung in eine negative, unfruchtbare, und diese macht jede Leistung zunichte. Die Angst – zumal in ihrer gewohnheitsmäßigen, chronischen Form – trocknet die Lebensquelle selbst aus. Der Glaube, der an die Stelle der Angst tritt, hat genau die entgegengesetzte Wirkung auf Gehirn und Körper. Er weitet und öffnet den Organismus, schenkt den Zellen reichliches Leben und erhöht die Geisteskraft.

Die Angst übt einen verheerenden Einfluss auf das Vorstellungsvermögen aus, das dann alle Arten von verhängnisvollen Trugbildern hervorbringt. Der Glaube ist dagegen das perfekte Gegenmittel; denn während die Angst nur Schatten und Dunkelheit kennt, sieht er den Silberstreif am Horizont, die Sonne hinter den Wolken. Die Angst blickt nach unten und erwartet das Schlimmste; der Glaube blickt nach oben und ahnt das Beste. Die Angst prophezeit immer das Scheitern, der Glaube den Erfolg. Es kann keine Angst vor dem Versagen oder der Armut geben, wenn der Geist vom Glauben beherrscht wird. In dessen Gegenwart hat der Zweifel keine Chance. Der Glaube übersteigt jede Not.

Ein starker Glaube verlängert das Leben in beträchtlichem Maße, denn er schließt die Sorge aus. Er sieht über momentane Ärgernisse, Unstimmigkeiten und Probleme hinweg, denn er erspäht die Sonne hinter den Wolken. Er weiß, dass am Ende alles richtig und gut sein wird, denn er richtet sich auf das Ziel, das dem Auge verborgen ist.

Sie können die Angst verbannen, indem Sie immer wieder mutig bekräftigen:

»Ich habe absolutes Vertrauen in die Gegenwart Gottes in meinem Innern. Ich erwarte das Beste. Ich weiß, dass mir nur Gutes zuteil werden kann. Die mir innewohnende göttliche Liebe treibt die Angst aus. Ich lebe in Frieden. Überall sehe ich die Gegenwart Gottes. Ich bin völlig furchtlos. Gott oder die göttliche Gegenwart ist stets bei mir. Sie hat mich erschaffen und unterstützt mich. Sie ist das unsichtbare Lebensprinzip in mir. Sie liebt und umsorgt mich, denn es steht geschrieben: Er sorgt für mich. Wenn Gott für mich ist, wer könnte dann gegen mich sein? Ich weiß: Mit Gott sein heißt in der Mehrheit sein. Das heilt und befreit mich von jedem Angstgefühl. Mir kommen nur Gottes Gedanken. Diese entwickeln sich ständig, bescheren mir Harmonie, Freude, Frieden und Erfolg. Ich bin umhüllt von göttlicher Liebe. In jeder Situation denke ich richtig. Gottes Macht lenkt meine Gedanken auf das Gute. Die Liebe, das Leben und die Wahrheit Gottes durchströmen mich jetzt. Ich bin versunken in die heilige Allgegenwart. Immerzu umgibt mich das unendliche Meer des Friedens. Ich bin erfüllt von göttlichem Verständnis. Die göttliche Liebe geht mir heute und jeden Tag voraus, um meinen Weg zu ebnen, zu vervollkommnen und in das Licht der Freude zu tauchen.«

Mit dieser Meditation senden Sie die Boten des Friedens, der Liebe, der Harmonie, der Schönheit und des richtigen Handelns in Ihr Unterbewusstsein. Und diese Boten erfüllen Ihren Auftrag, denn sie sind gewissenhaft und glaubwürdig. Sie werden feststellen, dass all Ihre Wege angenehm und friedvoll sind.

Sie sind eins mit Ihrem Vater im Innern, und Ihr Vater ist Gott. »Fürchte dich nicht«, sagte Er, »denn es ist deines Vaters große Freude, dir das Himmelreich zu schenken.« Und dieses Himmelreich Gottes ist in Ihnen. Die Liebe, der Glanz und die Herrlichkeit Gottes umgeben und umhüllen Sie. Die göttliche Gegenwart beherrscht Sie jetzt. Sie arbeiten gerne mit anderen Menschen zusammen. Sie lieben es, Gottes Vorstellungen zu vertreten und zum Ausdruck zu bringen.

Also bestätigen Sie herzhaft:

»Gottes Vorstellungen entfalten sich in meinem Innern und bescheren mir Harmonie, Gesundheit, Frieden und Freude. Ich fürchte kein Unglück, denn du bist bei mir, dein Stecken und Stab trösten mich. Ich weiß, dass Gutes und Barmherzigkeit mir mein Leben lang folgen werden, und ich werde für immer bleiben im Hause Gottes. Ich wohne im Schatten des Allmächtigen. Ich werde zu dem Herrn sprechen: Meine Zuversicht und meine Burg, mein Gott, auf den ich hoffe. Er bedeckt mich mit seinen Federn, und ich werde Zuflucht haben unter seinen Flügeln. Seine Wahrheit ist mein Schirm und Schild. Denn er hat mich seinen Engeln befohlen, dass sie mich behüten auf all meinen Wegen, dass sie mich auf Händen tragen und ich meinen Fuß nicht an einen Stein stoße. Denn Gott ist Liebe und sorgt für mich.«

Zusammenfassung

* Die Angst ähnelt einem Giftgas, das in die eigene Atmosphäre ausgestoßen wird. Sie führt zur seelischen, geistigen und moralischen Erstickung – und manchmal auch zum Tod: zum Absterben der Energie, des Gewebes und jeder Entwicklung.

* Durch Angst und Sorge ziehen wir genau die Dinge an, die wir befürchten. Die gewohnheitsmäßige, chronische Angst schadet der Gesundheit, lähmt die Leistungskraft und verkürzt das Leben. Zweifel und Angst bedeuten Scheitern. Die Angst ist pessimistisch, der Glaube dagegen optimistisch.

* Unterwerfen Sie sich nicht dem Denken eines anderen Menschen. Haben Sie vielmehr einen gesunden Respekt vor Ihrem eigenen Gedanken, denn dieser ist Ihr Gebet. Was Sie fühlen, ziehen Sie an; was Sie sich vorstellen, das werden Sie.

* Ihr Gedanke beherrscht Sie, nicht der von jemand anders. Stehen Sie also aufrecht und sagen Sie: »Ich

bin eins mit dem Unendlichen, das lächelnd in mir ruht.«

* Ängstliche Menschen sind häufig sehr selbstbezogen, eingeschlossen in sich selbst. Die Liebe aber teilt sich mit, strömt aus. Wer Angst hat, gibt sich einer krankhaften Introspektion hin und glaubt, dass jemand ihn verletzen wird, dass böse Geister ihn beherrschen können. All das zeugt von Unwissenheit. Sie ist die einzige Sünde, die alle möglichen Strafen zur Folge hat. Unwissenheit der einzige Teufel in der Welt.

* Erkennen Sie, dass die Angst ein Gedanke ist, den Sie selbst hervorgebracht haben. Er besitzt keine Realität, ist nur ein Schatten in Ihrem Geist. Die Sache, vor der Sie sich fürchten, existiert gar nicht. Angst ist Glaube an das Falsche – gleichsam umgekehrter Glaube, umgekehrter Gott: eine verdrehte, krankhafte Vorstellung vom Leben.

* Gott ist das Lebensprinzip. Die Trinität ist Ihr Geist, Verstand und Körper beziehungsweise Funktion, denn Sie brauchen einen Körper, um sich auszudrücken. Der Verstand ist der Priester oder der Vermittler zwischen dem Unsichtbaren und dem Sichtbaren, also Ihr eigener Gedanke. Daher reagiert der Geist auf die Eigenart Ihrer Gedanken.

* Alle Menschen müssen irren, denn nur auf diese Weise können wir uns weiterentwickeln und den eigenen Horizont erweitern. Wer Angst vor der Zukunft oder dem Leben nach dem Tode eingeimpft und beigebracht bekam, dass Gott ein Gott der Angst ist, kann diese nicht überwinden. Doch Gott ist ein Gott der Liebe.

* Um die anormale Angst zu vertreiben, müssen Sie sich auf die fundamentale Wahrheit zurückbesinnen, dass es nur eine Macht gibt. Der Herr, dein Gott, ist ein Herr, eine Macht. Nicht zwei, drei oder tausend. Diese Macht wirkt als Einheit. Alles ist Liebe, Frieden und Harmonie. Bringen Sie sich damit in Einklang, und die Angst wird völlig verschwinden.

4. Kapitel

Warum ist das gerade mir passiert?

Wenn das Leben nicht nach Plan verläuft, wenn man Rückschläge erlebt und unglücklich ist, wird oft die Klage laut: »Warum ist das gerade mir passiert?« Diese allgemeine Frage ist nicht leicht zu beantworten.

Um die Prüfungen und Leiden, mit der alle Menschen konfrontiert sind, zu akzeptieren, muss man das eigene Denken ändern, Gottes Gedanken hegen, sich auf die ewigen Wahrheiten und die unzerstörbaren Prinzipien des Lebens besinnen – in der gleichen Weise, wie Mathematiker die Prinzipien der Mathematik, Chemiker die Prinzipien der Chemie, Elektriker die Prinzipien der Elektrizität oder Kapitäne die Prinzipien der Navigation überdenken. Sie wissen, dass diese Prinzipien von einer höheren Stufe der Potenzialität zu einer niedrigeren wirksam sind. Der Elektriker lernt zum Beispiel die Gesetze der Leitfähigkeit und der Isolation. So kann er Leitungen in Ihrem Haus verlegen.

Ebenso ist Ihr Geist ein Prinzip. Daher denken Sie vom göttlichen Zentrum im Innern her und können all das in Betracht ziehen, was wahr, gerecht, schön, rein, aufrichtig und allgemein anerkannt ist. Tun Sie genau dies. Sie denken nur dann wirklich, wenn Sie vom Standpunkt Gottes aus denken, der Ihnen innewohnt. Es gibt ein Prinzip der Harmonie, nicht der Disharmonie; eines der Schönheit, nicht der Hässlichkeit; eines der Freude, nicht der Trauer; eines der Liebe, nicht des Hasses; eines der Ganzheit, Vollkommenheit und Gesundheit. Es gibt kein Prinzip der Krankheit. Falls dieses existierte, könnte kein Mensch auf der Welt je geheilt werden.

Erkennen Sie daher, wann Ihre Gedanken völlig frei sind von Angst und Sorge. Gott denkt, spricht und handelt durch Sie. Folglich sprechen Sie mit den Worten der Wahrheit, Weisheit, Schönheit, Harmonie, Gesundheit und des Friedens. Ihr Denken kommt aus Gottes Zentrum im Innern.

Millionen von Menschen denken nicht; sie meinen nur, dass sie denken. Denn wahres Denken (und wir beschäftigen uns hier mit konstruktivem Denken) ist völlig angstfrei. Alle Ängste beruhen auf äußeren Gegebenheiten. Diese wiederum sind Wirkungen, keine Ursachen. Deshalb müssen Sie sich klar machen, dass jemand anders für Sie denkt, wenn Sie es nicht selbst tun. Wenn Sie Ihre Gemütsverfassung nicht im Griff haben, wer wird dann darüber bestimmen? Zeitungen? Schlagzeilen? Das Massenbewusstsein? Wir alle sind subjektiv. Wir alle sind Teil des Massenbewusstseins und in telepathischer Kommunikation miteinander verbunden. Sämtliche Menschen dieser Welt sind gleichsam Verlängerungen unserer selbst.

Wenn Sie also nicht konstruktiv, harmonisch und friedlich denken, wird das Welt-, Massen- oder durchschnittliche Menschheitsbewusstsein an Ihrer Stelle für Sie denken. Und es glaubt an Tragödie, Unglück, Krankheit, Leiden, Missgeschick; die Leute frönen dem Hass, dem Mord und allen möglichen Übeln. Ist das die Art von Bewusstsein, die in Ihnen und durch Sie denken soll?

Doch genau das geschieht, wenn Sie nicht eigenständig denken. Dann gelangen die negativen Gedanken oder Schwingungen des Massenbewusstseins in Ihr Inneres, breiten sich dort aus und erreichen schließlich jenen Sättigungspunkt, an dem sie einen Unfall, eine missliche Situation, ein Leiden heraufbeschwören. Täglich ereignen sich Explosionen in Minen oder Fabriken, Flugzeugabstürze und andere Katastrophen. Menschen sind an sich nicht böse oder schlecht, weil ihr U-Boot unrettbar im Meer versinkt, weil eine Stadt überflutet wird, weil Kinder bei Verkehrsunfällen Schaden nehmen oder weil viele durch irgendein anderes Verhängnis ihr Leben verlieren.

Gerade vor diesem Hintergrund betonen wir die Notwendigkeit des ständigen Gebets. Das heißt, Sie füllen Ihren Geist mit den Wahrheiten Gottes, die alles daraus verbannen, was Ihm nicht ähnlich ist. »Ich erinnere mich nicht an frühere Dinge, noch sinniere ich über das Alte. Eines aber tue ich. Indem ich die vergangenen Dinge hinter mir lasse und nach den künftigen Dingen greife, dränge ich dorthin, wo die Belohnung mir zuteil wird.«

Und die Bibel sagt: »Was der Mensch sät, das erntet er.« Mit anderen Worten: Wenn wir uns Gedanken an Frieden, Harmonie, Gesundheit, Schönheit, Wohlstand einpflanzen, werden wir die entsprechenden guten Früchte ernten; wenn wir uns dagegen Gedanken an Krankheit, Mangel und Zwietracht einpflanzen, werden wir die entsprechenden schlechten Früchte ernten. Wir müssen uns verdeutlichen, dass unser Unterbewusstsein gewissermaßen die Erde ist. Sie lässt jede Art von Samen aufgehen, den wir im Garten unseres Geistes säen. Biblisch gesprochen säen wir Gedanken, wenn wir vorbehaltlos an sie glauben. Was immer Ihr Bewusstsein wirklich glaubt, bringt Ihr Unterbewusstsein dann zum Vorschein, ob es richtig oder falsch ist.

Wenn Sie Ihr Denken nicht selbst steuern, wird das Massenbewusstsein es tun, und dieses glaubt an Krankheiten, Probleme und alle möglichen Katastrophen. Deshalb müssen Sie Herr über Ihre Gedanken sein.

Wahres Denken ist völlig losgelöst von Angst und Sorge, eben weil Sie aus dem inneren göttlichen Zentrum denken. Wenn Ihre Gedanken Gottes Gedanken sind, lenkt Gottes Macht Ihre Gedanken auf das Gute. Aus diesem Grund sollten Sie nicht zu jemand anderem sagen: »Welche wütenden Gedanken hattest du?« Vielleicht hatte dieser Mensch überhaupt keine wütenden Gedanken, die von ihm selbst stammten. Vielleicht gab er sich nicht seinem ureigenen Gebet hin und erwiderte nur: »Ich nehm's halt, wie's kommt.« Daher glaubt das Massenbewusstsein an alle Arten von Leiden. Und wenn Sie Ihren Geist nicht reinigen, wird das Massenbewusstsein es bestimmt nicht für Sie tun.

Was geschieht mit Ihrem Haus, wenn Sie für ein oder zwei Jahre verreisen und während dieser Zeit niemand sich darum kümmert? Ratten, Mäuse und Ungeziefer kommen herein. Die Farbe löst sich von den Wänden und manches andere geht schief, weil das Haus nicht bewohnt, nicht mit Leben erfüllt wird. Sie müssen Ihren Geist genauso säubern und instand halten wie Ihren Körper, und zwar regelmäßig, gründlich, entschieden.

Was immer wir also mittels unseres Bewusstseins ernsthaft glauben, lässt unser Unterbewusstsein wirklich werden.

Eine Seelsorgerin in einem Krankenhaus in Massachusetts erzählte mir, sie habe oft mit Patienten zu tun, die klagen: »Warum ist das gerade mir passiert? Was habe ich getan, um derart gequält zu werden? Warum ist Gott wütend auf mich? Warum bestraft Er mich? Ich gehe doch regelmäßig in die Kirche, bin ein gütiger, liebevoller Mensch. Ich muss etwas falsch gemacht haben, ohne zu wissen, was. Deshalb bin ich so krank.«

Das Gesetz des Lebens ist das Gesetz des Glaubens. Woran glauben Sie? Glauben heißt, etwas als richtig und wahr zu akzeptieren, es bewusst zu verinnerlichen und das eigene Dasein daran auszurichten. Wir sollten an die Güte Gottes glauben; in der freudigen Erwartung des Besten leben; auf die Führung, Harmonie und Heilkraft Gottes bauen, um in den Zustand der Ganzheit, Reinheit, Entspannung und Vollkommenheit zu gelangen.

Die Seelsorgerin berichtete, dass sie in vielen Fällen mit den Patienten bete und sie dabei unterstütze, ihre inneren Überzeugungen zu ändern. »Ich helfe ihnen zu erkennen, dass der Körper geistig ist; dass sie, wenn sie ihren Geist ändern, auch ihren Körper ändern. Und so räumen sie den Gedanken an Krankheit immer weniger Macht ein.« Sie bringt ihnen bei, in der folgenden Weise zu beten: »Die unendliche heilsame Gegenwart durchströmt mich als Harmonie, Gesundheit, Frieden, Ganzheit und Vollkommenheit. Gottes heilsame Liebe wohnt jeder Zelle meines Körpers inne. Dadurch werde ich ganz, rein, entspannt und vollkommen.«

Sie lehrt die Patienten, dieses Gebet häufig zu wiederholen – im Wissen, was sie da tun und warum sie es tun. So schreibt das Bewusstsein jene Wahrheiten in ihr Unterbewusstsein. Was immer dem Unterbewusstsein eingeschrieben oder eingeprägt wird, tritt als Form, Funktion, Erfahrung und Ereignis zutage. Folglich erleben viele dieser Kranken eine wundersame Heilung.

Das Gesetz des Lebens ist das Gesetz des Glaubens. Wenn Sie sich vor Krankheit fürchten, ziehen Sie diese förmlich an. Das Gesetz des Herrn ist vollkommen. Sie können nicht an eine Sache glauben und zugleich eine andere Sache hervorbringen. Jede Art von Problem ist quasi ein Alarmsystem der Natur, welches uns deutlich macht, dass wir in dieser Richtung verkehrt denken. Nur eine Änderung der eigenen Denkweise kann uns befreien.

Es gibt das Gesetz von Ursache und Wirkung, das jederzeit wirksam ist. Dem Menschen geschieht nichts ohne seine innere Zustimmung und Beteiligung. Ein Unfall kann Ihnen zustoßen, auch wenn Sie gar nicht daran denken. Haben Sie nicht schon einen Autofahrer gesehen, der betrunken war und in Schlangenlinien fuhr? Sie sagten sich: »Da passiert ein Unfall.« Warum? Hinter dem Steuer – wie hinter jeder Situation, jeder Handlung – verbirgt sich eine bestimmte Denkweise, eine Gemütsverfassung, eine Empfindung. Ist dieser Geist gestört? Wird er emotional beeinträchtigt? Wenn ja, leidet darunter das Sehvermögen. Man kann die Dinge nicht klar genug erkennen.

Die amerikanische Bundesbehörde OSHA, die für die Sicherheit am Arbeitsplatz zuständig ist, untersucht die Ursachen für Verletzungen in Industriebetrieben. Sie beschäftigt sich vor allem mit solchen Firmen, wo derlei häufig geschieht. Neben dem technischen Stab, der die Produktionsanlagen auf mögliche Unfallursachen überprüft, führen psychologisch geschulte Sicherheitsexperten Gespräche mit den Arbeitern – nicht nur mit denen, die verletzt wurden, sondern mit allen, die in der Fabrik tätig sind. Oft finden Sie dabei heraus, dass Unfälle gerade dann geschehen, wenn die Arbeiter ihr emotionales Gleichgewicht verloren haben. In Betrieben, die von herrischen, unnachgiebigen Vorgesetzten geleitet werden, provozieren die Ressentiments ihnen gegenüber negative Gedanken bei den Arbeitern. Die daraus resultierende Unachtsamkeit führt dann zu mehr oder minder schweren Unfällen.

Missgeschicke, Unfälle und Katastrophen unterschiedlicher Art sind Symptome von mentalen und emotionalen Störungen, die sich in radikaler Form manifestiert haben. Wir müssen also unseren Geist schulen, um eine neue Denkweise zu entwickeln, uns auf Gott zurückzubesinnen und unsere Gedanken und Vorstellungen in Einklang zu bringen mit dem unendlichen Leben, der ewigen Liebe, Wahrheit und Schönheit. Dann werden wir zu Kanälen für das Göttliche.

Beruhigen Sie Ihren Geist mehrmals täglich und bekräftigen Sie gelassen, leise und liebevoll: »Gott durchströmt mich als Harmonie, Gesundheit, Frieden, Freude, Ganzheit und Vollkommenheit. Er geht und spricht in mir. Sein Zauber ist immer um mich. Seine Weisheit leitet mich auf all meinen Wegen. Sein richtiges Handeln gibt den Ausschlag. All meine Wege sind angenehm und friedvoll. Der heilige Kreis der ewigen Liebe Gottes umgibt und umhüllt mich, Seine Rüstung schützt mich rundum.«

Indem Sie über diese ewigen Wahrheiten nachsinnen, etablieren Sie Muster der göttlichen Ordnung in Ihrem Unterbewusstsein, und was immer Sie diesem einprägen, kommt dann im Spiegel des Raumes zum Ausdruck. So wird Ihnen klar, dass eine alles überragende Gegenwart – Ihr himmlischer Vater – ständig auf Sie Acht gibt und Ihre Bitten beantwortet. Die Bibel drückt dies folgendermaßen aus: »Bitte mich um etwas, und ich werde dir antworten; ich werde dir beistehen in der Not und dich erhöhen, weil du meinen Namen wusstest.«

Jede(r) von uns sollte lernen, wie das subjektive Selbst im Innern arbeitet. Das große Gesetz der Suggestion hat vor allem Eines zur Folge: Was immer Sie jemand anderem suggerieren, suggerieren Sie auch sich selbst – denn Sie sind in Ihrer Welt der (die) einzige Denker(in) und reagieren auf die eigene Denkweise. Was immer Sie einer anderen Person wünschen, wünschen Sie sich selbst. Sie sind immer dem Gesetz Ihres Denkens unterworfen. Das ist die Grundlage der Goldenen Regel, die Sie auffordert, die Menschen so zu behandeln, wie Sie von ihnen gerne behandelt werden möchten, was letztlich bedeutet, sogar für diejenigen zu beten, die gehässig zu Ihnen sind. Mit anderen Worten: Hegen Sie keine bösen Absichten gegen irgendjemanden auf der Welt. Damit bringen Sie nur sich selbst in Gefahr, denn was immer Sie über den Anderen denken, erzeugen Sie in Ihrem eigenen Geist, Körper und Umfeld – oder auch im Hinblick auf Ihre finanzielle Situation. Das ist eine einfache Wahrheit.

Strahlen Sie gegenüber jedem Menschen Liebe, Frieden und Wohlwollen aus. Fällen Sie keine Urteile. Das Urteil, das Sie fällen, wird auch über Sie gefällt. Ihr Urteil über den Anderen ist das Urteil über Sie selbst. Das Verdikt ist der Schluss, den Sie in Ihrem Denken ziehen. Viele Menschen leiden unter Krankheiten, Unfällen und Missgeschicken, weil sie nicht konstruktiv denken. Sie lassen sich vom Massenbewusstsein oder vom Gesetz des Durchschnitts beherrschen. Sie sind keine schlechten Menschen, weigern sich aber, eigenständig zu denken und ihr Gebet beizubehalten. Dadurch neutralisieren sie nicht das Massenbewusstsein.

Sie wissen sehr wohl, was Sie morgens aus der Zeitung oder abends durch Radio und Fernsehen erfahren. Überall ereignen sich Morde, Vergewaltigungen, Hassausbrüche, Eifersuchtstaten und weitere Unglücke. Man berichtet von schrecklichen Dingen, die sich zugetragen haben, doch kaum von guten und schönen Dingen.

Wenn Sie also nicht fortfahren zu beten, wenn Sie nicht Ihren eigenen Gedanken nachgehen, denkt das Massenbewusstsein für Sie. Daher müssen Sie sich die Frage stellen: »Hege ich wirklich konstruktive, harmonische, friedliche Gedanken?« Natürlich finden Sie selbst die Antwort darauf. Sie sind so, wie Sie den Tag über denken. Denn wie wir im Herzen (das heißt im Unterbewusstsein) denken, so sind wir, so werden wir und so drücken wir uns aus. Das ist das ganze Gesetz. Was immer Sie in Ihrem Geist säen, werden Sie ernten.

Sie denken eigenständig, wenn Sie zwischen dem Falschen und dem Wahren oder Echten zu unterscheiden wissen. Denken heißt auswählen. Wie viele Menschen tun das tatsächlich? Sie haben die Fähigkeit, ja oder nein zu sagen. Ihre Rede sollte von »Ja, ja« und »Nein, nein« bestimmt werden. Sie bejahen die Wahrheit des Seins und weisen alles zurück, was der Wahrheit oder Gott unähnlich ist.

Wenn der Geist nicht wählen könnte, wären Sie

kein Individuum. Sie sind imstande, etwas anzunehmen oder abzulehnen und Ihre Aufmerksamkeit ständig auf das Wahre, Schöne, Edle und Gottähnliche zu richten. Nichts in der Welt kann Sie davon abhalten, in konstruktiver, harmonischer und friedlicher Weise zu denken. Sie denken, wenn Sie wissen, dass eine unendliche Intelligenz auf Ihre Gedanken reagiert, und dass Sie – ungeachtet des jeweiligen Problems – im Nachdenken über eine göttliche Lösung und ein glückliches Ende jene subjektive Weisheit im Innern entdecken, die Ihnen antwortet, den perfekten Plan offenbart und den besten Weg zeigt. Wohin Sie heute auch gehen, üben die Suggestionen der Leute im Büro, zu Hause, die Gedanken und Stimmungen der Nachbarn, das Radio, das Fernsehen und all die anderen Dinge eine Wirkung auf Ihren äußerst empfänglichen Geist aus. Diese Eindrücke sinken in Ihr Denken, verwirren und beschmutzen es, ob Sie sich dessen bewusst sind oder nicht.

Setzen Sie sich also jeden Morgen und jeden Abend in aller Ruhe hin und lesen Sie Ihre Psalmen. Besonders hilfreich ist der 91., der 27., der 23., der 46. und der 1. Psalm. Sie enthalten wunderbare Wahrheiten. Psalmen sind Lieder Gottes. Sie leben hier, um Ihren Geist zu reinigen, ihn zu beherrschen und über ihn zu wachen – genauso wie Sie es mit Ihrem Körper tun. Einem Menschen, der schmutzig ist, bieten Sie ein Stück

Seife und ein heißes Bad an. Damit suggerieren Sie ihm die Vorstellung von Reinlichkeit.

Nun, Reinlichkeit hat durchaus etwas mit echter Frömmigkeit zu tun. Deshalb sollten wir dem Schönen und Edlen, den ewigen Wahrheiten und Prinzipien des Lebens Beachtung schenken und unser Denken schulen. Unaufmerksamkeit, Nachlässigkeit, Gleichgültigkeit und Lustlosigkeit zeitigen eine bestimmte Wirkung, aber diese ist negativ, nicht wahr? Sie müssen sich auf das konzentrieren, was wahr, vortrefflich und von Gott ist.

Im Laufe der Jahre haben mich viele Menschen mit gesundheitlichen Problemen aufgesucht und um Rat gefragt. Einige davon sind ernst, andere unbedeutend. In jedem Fall empfehle ich dringend, medizinische Hilfe in Anspruch zu nehmen. Ich bin weder Arzt noch »Heiler«, wie Jesus Christus, der Prophet Elisa oder andere es waren. Doch häufig stelle ich fest, dass das Problem seine eigentliche Ursache im Geist hat, nicht im Körper.

Einer der seltsamsten Fälle, der mir zur Kenntnis gelangte, war der einer Frau, die über längere Zeit an einer Reihe von Krankheiten gelitten hatte. Sie teilte mir mit: »Gott hat's auf mich abgesehen; ich bin eine Sünderin. Deshalb werde ich bestraft.« Außerdem sei sie zu einem Heiler gegangen, der sie hypnotisiert und ihre Vergangenheit gedeutet habe. Er führte ihre Krankheiten auf ein früheres Leben zurück, in dem sie ein böser Mensch gewesen sei und viele Leute verletzt habe. Da sie in jenem Leben nicht bestraft worden sei, leide sie nun für die Sünden, die sie damals begangen habe.

Natürlich war das völliger Unsinn, der alles nur noch schlimmer machte.

Ich brachte ihr eine uralte Wahrheit nahe: Es gibt nur eine Macht, Gott genannt, den allmächtigen lebendigen Geist. Nicht zwei, drei oder tausend. Die uns allen innewohnende schöpferische Intelligenz hat uns erschaffen. Diese Macht erscheint uns dann in der Weise, die unserer Überzeugung entspricht. Für den Bösen ist sie böse, für den Guten ist sie gut. Wenn Sie denken und glauben, dass ein Gott der Liebe existiert, wird der Gott der Liebe Ihnen antworten und ein liebevolles Wesen für Sie sein.

Wenn Sie dagegen denken und glauben, dass Gott Sie bestraft, dass Sie leiden müssen, dann wird Ihnen aufgrund Ihres Denkens und Glaubens genau das widerfahren. In Wirklichkeit aber bestrafen Sie sich selbst. So steht es auch in der Bibel: »Ihm wird geschehen seinem Glauben gemäß.« Denn wie ein Mensch im Herzen (das heißt im Unterbewusstsein) denkt, so ist er, so wird er und so drückt er sich aus.

Jene Frau suchte nach Rechtfertigungen und Entschuldigungen für ihr Leiden. Sie richtete den Blick nach außen, anstatt zu erkennen, dass die Ursache jeder Krankheit stets in ihrem tieferen Bewusstsein lag. Dem Körper kann nichts Schlimmes passieren, solange das Unterbewusstsein kein entsprechendes Muster aufweist.

Ich bat sie, nach innen zu schauen und herauszufinden, ob es in ihrer Vergangenheit etwas gab, das ein tiefes Schuldgefühl hervorrief. Sie gab zu, dass sie einige Jahre zuvor eine Affäre mit einem verheirateten Mann gehabt habe, sich deshalb schuldig fühle und glaube, bestraft werden zu müssen. Mit dem Schuldgefühl kommt die Angst, und mit der Angst kommt die Bestrafung. Ihrer Meinung nach sollte sie bestraft werden, aber im Grunde bestrafte sie sich selbst. Das Schuldgefühl ist der Fluch der Flüche – eines der negativsten und destruktivsten Gefühle überhaupt. Als solches kann es keine positive und konstruktive Wirkung hervorrufen. Schuldgefühle »verheddern« sich im Unterbewusstsein und treten dann als Krankheiten zutage. Jene Reue war die psychische Wunde hinter ihren physischen Symptomen.

Ich verhalf der Frau zu der Einsicht, dass die Bestrafung nicht von Gott kommt, sondern von ihr selbst, aus ihrem eigenen Denken. Meine Erklärung war zugleich das Heilmittel: Sie verzieh sich, setzte sich mehrmals täglich in Ruhe hin und sagte: »Gottes heilsame Liebe durchdringt meine Seele, und ich verzeihe mir, dass ich solch negative, destruktive Gedanken hatte.« Ihre Krankheiten klangen ab, und bald führte sie wieder ein gesundes, erfülltes und produktives Leben.

Es gibt kein schlimmeres und gewiss kein verheerenderes Leiden als ein mit Schuldgefühlen beladenes Gewissen. Die Frau hatte sich durch ihr destruktives Denken jahrelang selbst bestraft. Doch als sie sich nicht mehr verurteilte und anfing zu bekräftigen, dass die unendliche heilende Gegenwart ihr ganzes Sein durchdringt, dass Gott jeder Zelle ihres Körpers innewohnt, verschwanden ihre Krankheiten.

Wenn Sie beten, so verzeihen Sie. Verzeihen Sie zuerst sich selbst. Sie können nicht geben, was Sie nicht haben. Als die Frau beschloss, sich zu verzeihen, wurde sie durch Gottes heilsame Liebe kuriert.

In früheren Epochen wurden dem Herz nicht nur Gefühle zugeschrieben, sondern auch Gedanken. Heute wissen wir, dass das Unterbewusstsein sowohl den mentalen wie auch den emotionalen Bereich umfasst. Jede Vorstellung, die tief empfunden und für wahr gehalten wird, sinkt ins Unterbewusstsein und wird irgendwann Wirklichkeit. Ihre unterbewussten Annahmen und Überzeugungen bestimmen über all Ihre bewussten Handlungen, verursachen, erzwingen, steuern diese. Was immer Sie säen, werden Sie ernten. Ihre Gedanken und Gefühle bedingen Ihr Schicksal.

Sie sind so, wie Sie den Tag über denken. Wenn Sie keine konstruktiven, vernünftigen und klugen Gedanken hegen, wird jemand anders oder das Massenbewusstsein für Sie denken und Ihr Leben vielleicht ins völlige Chaos stürzen. Wenn Sie dagegen glauben, dass Gott unendliche Güte, unbegrenzte Liebe und Weisheit, absolute Harmonie ist, wird Seine Gegenwart gemäß dem Gesetz der wechselseitigen Beziehung Ihnen antworten; dadurch empfangen Sie unzählige Wohltaten. Es kommt darauf an, wie man die Kräfte des Lebens anwendet. Die Atomkraft ist an sich nicht unheilvoll; sie ist gut oder schlecht, je nachdem, auf welche Weise man sie einsetzt – zum Beispiel zur Stromversorgung oder für medizinische Zwecke. Der Wind, der das Schiff auf Felsen treibt, kann es auch in Sicherheit bringen.

Der Gebrauch aller Dinge und Gegenstände in der Welt wird durch die Gedanken und Beweggründe der Menschen bestimmt. Gut und Böse sind in unserem Denken – Bewegungen des individuellen Geistes in Bezug auf das eine Sein, das in sich ewig Ganz, rein und makellos ist.

Die schöpferische Kraft liegt in unserem Denken. Die äußere Welt hat keine Macht, es sei denn, wir gestehen ihr eine solche zu. Alle Vorgänge außerhalb unserer selbst stellen Wirkungen dar, keine Ursachen. Der systematische Denker erklärt bloße Phänomene nicht zu Ursachen. Diese existieren ausschließlich in unserem Innern.

Egal, wie lange Sie schon negative und destruktive Gedanken hegen – von dem Augenblick an, da Sie positiv und konstruktiv denken, stellen sich die richtigen Ergebnisse ein. »Ich erinnere mich nicht an frühere Dinge und sinniere nicht über das Alte. Eines aber tue ich: Indem ich die vergangenen Dinge hinter mir lasse und nach den künftigen Dingen greife, dränge ich dorthin, wo die Belohnung mir zuteil wird.«

Die Belohnung ist natürlich Gesundheit, Glück, Seelenfrieden, Freude und alle anderen Reichtümer des Lebens. Denken Sie Gutes, wird Gutes folgen; denken Sie Böses, wird Böses folgen. Sobald Sie in Ihrem Geist gottähnliche Vorstellungen und ewige Wahrheiten etablieren, strömen diese ihren eigentümlichen Duft aus. Dann wird Ihr Herz zu einem Kelch für die Liebe Gottes, und Geist und Herz harmonieren vollkommen miteinander auf der Grundlage ewiger Wahrheiten. So werden all Ihre Wege angenehm und friedvoll sein.

Nichts geschieht zufällig. Alles wird durch eine bestimmte Gemütsverfassung oder Geisteshaltung hervorgerufen. Die Welt beruht auf Gesetz und Ordnung; deshalb vollzieht sich alles gemäß dem Gesetz von Ursache und Wirkung. Hinter jeder Sache verbirgt sich eine Ursache. Da wir nicht genau erkennen, welche spezifischen Ursachen im Einzelfall wirksam sind, schreiben wir deren Wirkungen dem »Zufall«, dem »Glück« oder dem »Zusammentreffen besonderer Umstände« zu.

Charles R. befürchtete, seine Sehkraft zu verlieren. Er suchte einen Augenarzt auf und erfuhr, dass er weder an grünem noch an grauem Star noch an anderen Augenkrankheiten litt, die häufig zur Erblindung führen. Obwohl auch weitere Untersuchungen keinerlei medizinischen Befund ergaben, ließ sein Sehvermögen langsam aber sicher nach. Heute wissen die Mediziner, dass psychische Faktoren bei allen Krankheiten eine entscheidende Rolle spielen. Krankheit ist ein Mangel an Seelenfrieden, an innerem Gleichgewicht, an heiterer Gelassenheit. Es ist unmöglich, einen gesunden Geist und zugleich einen kranken Körper zu haben. Ein gesunder Geist ist ein gesunder Körper. Dem Körper widerfährt nur, was im Geist bereits vorgeprägt ist. Es besteht kein Zweifel daran, dass Sehstörungen durch geistige oder seelische Vorgänge ausgelöst werden können. Emotionale Reaktionen beeinflussen manchmal die vegetativen Funktionen der Muskeln im oder am Augapfel und verändern dadurch seine Form. Anstatt sich also lediglich auf das Auge zu konzentrieren, mag die Behandlung der mentalen und emotionalen Symptome des Patienten die eigentlichen Gründe zutage fördern, warum das

Unterbewusstsein ein bestimmtes Augenleiden wählt, das alles außer der unmittelbaren Umgebung auszuschließen droht.

In meinen Gesprächen mit Charles R. beklagte dieser sich ständig über die Schwiegermutter, die in seinem Haus wohnte. Heftig erregt rief er: »Ich kann ihren Anblick nicht ertragen.« Er war voll unterdrückter Wut. Sein Nervensystem, das die Anspannung nicht mehr aushalten konnte, wählte die Augen gleichsam als Sündenbock. Auch in diesem Fall war die Erklärung zugleich das Heilmittel. Überrascht vernahm er, dass negative Gefühle, auf denen man beharrt, sich im Unterbewusstsein quasi verfangen und zwangsläufig negative Wirkungen ausüben.

Die Botschaften, die er seinem Unterbewusstsein übermittelte, waren negativ: »Ich hasse ihren Anblick. Ich will sie nicht mehr sehen.« Ich erklärte ihm, dass sein Unterbewusstsein diese Botschaften empfange und wörtlich nehme, ja als Bitte auffasse und dementsprechend auf einen Verlust der Sehkraft hinarbeite.

Er und seine Frau kamen darin überein, dass es am besten sei, wenn die Schwiegermutter anderswo lebte. Und so sorgten sie dafür, dass sie in ein nicht weit entferntes Altenwohnheim übersiedelte.

Doch dieser Umzug löste nicht das ganze Problem. Charles R. musste den Hass auf seine Schwiegermutter aus seinem Innern verbannen. Auf meine Empfehlung betete er für sie, indem er sie Gott anvertraute und ihr alle Segnungen des Himmels wünschte. Dies tat er auf sehr einfache Weise. Er sagte nämlich: »Ich gebe meine Schwiegermutter (die er beim Namen nannte) vorbehaltlos in die Obhut Gottes. Ich strahle ihr gegenüber Liebe, Frieden und Wohlwollen aus. Ich wünsche ihr alle Segnungen des Himmels. Das meine ich auch so. Ich bin aufrichtig. Ich verfüge es. All das wird tatsächlich geschehen, und das Licht Gottes soll auf ihren Wegen scheinen.«

Während er damit fortfuhr, erklärte ich ihm, dass er schon merken werde, wann er die Schwiegermutter völlig akzeptiere, da er ihr dann in Gedanken begegnen könne, ohne den Stachel des Abscheus zu spüren. Er werde nicht mehr schäumen vor Wut. Fast schlagartig verbesserte sich seine Sehkraft, und bald war sie wieder normal. Der Augenarzt untersuchte ihn erneut und sagte: »Sie haben Ihr Problem gelöst.« Und das stimmte tatsächlich. Er konnte in Gedanken der Schwiegermutter gegenüber treten, ohne sich zu ereifern. Der innere Stachel war verschwunden.

Zu Beginn dieses Kapitels wurde Ihnen nahe gelegt, die Gedanken auf das Wahre, Schöne, Edle und Gottähnliche zu richten. Sinnen Sie darüber nach, denn Sie sind so, wie Sie den Tag über denken. Durch Ihr Denken formen Sie Ihr Leben. Sie wollen doch nicht, dass das Massenbewusstsein in Ihnen denkt? Nein, das wollen Sie nicht. Wenn Sie also nicht eigenständig denken, müssen Sie herausfinden, wer Ihren Geist jetzt manipuliert. Stellen Sie sich folgende Fragen: Habe ich mein Denken im Griff? Treffe ich meine Entscheidungen selbst? Sind meine Gedanken klar, im Einklang mit gottähnlichen Mustern?

Sie können das Gesetz des Geistes nicht umgehen oder überlisten. Ihnen wird geschehen gemäß Ihrem Glauben. Vor einigen Jahren machten englische Seeleute das Pökelfleisch, den Schiffszwieback und die einseitige Ernährungsweise für den Skorbut verantwortlich. Dann empfahl ihnen jemand, Limonen und Zitronen zu essen, die viel Vitamin C enthalten – und natürlich wurden alle wieder gesund. Aber man sieht, wie auch hier das Übel durch Unwissenheit, Sorglosigkeit, Gleichgültigkeit und Dummheit verursacht wurde. Im Geist der Seeleute klaffte eine gähnende Leere. Schließlich waren in den Ländern und auf den Inseln, die sie auf ihrer langen Reise besuchten, Äpfel, Limonen, Zitronen, Orangen und andere Zitrusfrüchte in Überfülle vorhanden. Wo also zeigte sich der Mangel? Im Geist, dort nämlich, wo die Unwissenheit vorherrschte. Diese ist für das universale Gesetz ebenso wenig eine Entschuldigung wie Sorglosigkeit oder Gleichgültigkeit. Ständig machen Menschen die Umgebung, das Wetter, die Ernährungsweise, irgendwelche Unregelmäßigkeiten, böse Geister, Bakterien, Viren usw. für ihre Leiden verantwortlich.

Für die meisten Leute besteht kein Zweifel, dass ein unsichtbarer Virus sie krank machen kann, aber sie glauben nicht immer an die unsichtbare Gegenwart und Macht namens Gott, der sie und die ganze Welt erschaffen hat.

Wir verschmutzen die Luft mit seltsamen Vorstellungen und falschen Lehrmeinungen. Wenn wir zum Beispiel glauben, dass wir uns in der Nähe eines Ventilators erkälten oder einen steifen Hals bekommen, dann wird diese akzeptierte Überzeugung uns beherrschen und eine Erkältung verursachen. Auf der ganzen Welt sitzen Millionen von Menschen vor Ventilatoren – ohne eine Erkältung oder einen steifen Hals zu bekommen. Millionen von Menschen gehen hinaus in die kalte Nachtluft, ohne sich je eine Erkältung oder Lungenentzündung zuzuziehen. Millionen von Menschen bekommen nasse Füße. Vielleicht haben Sie Ihre Mutter sagen hören: »Wenn du nasse Füße bekommst, sie nicht abtrocknest und frische Socken anziehst, holst du dir den Tod oder eine Lungenentzündung oder sonst was Schlimmes.« Doch das Wasser hat nie gesagt: »Ich werde dir eine Erkältung, Fieber oder eine Lungenentzündung bescheren.«

Was immer Sie glauben, wird Ihnen passieren Daher sollten Sie an die Güte Gottes im Reich des

Lebendigen, an Seine Führung, Heilkraft, Fülle glauben – und daran, dass die unendliche Intelligenz Ihnen antwortet, sobald Sie diese um etwas bitten.

Demnach ist der Ventilator völlig harmlos, ein bloßer Mechanismus. Ihr Glaube kann zweierlei »Anwendung« finden. Sie können an einen unsichtbaren Virus glauben, der Sie an Grippe erkranken lässt, oder an den unsichtbaren Geist im Innern, der Sie als Harmonie, Gesundheit, Friede, Unterweisung, richtiges Handeln durchströmt und als Gott oder innerer Geist nicht krank sein kann. Was auf Gott zutrifft, gilt auch für Sie, denn der Begriff individuell bedeutet »das unteilbare Eine«. Dieses ist der allmächtige lebendige Geist in Ihrem Innern. Die Bibel sagt: Ich sage euch, ihr seid Götter, und ihr alle seid Kinder des Höchsten. Glauben Sie, dass Sie ein Kind des lebendigen Gottes sind. Das stimmt tatsächlich. Glauben Sie, dass der Ihnen innewohnende lebendige Geist die Gegenwart Gottes ist, die nicht krank sein kann. Und weil sie nicht krank sein kann, ist sie Ihre ureigene Wirklichkeit.

Ralph Waldo Emerson sagte, wir (Menschen) hielten unser Schicksal für etwas Fremdes, da dessen Ursache verborgen sei. Aber das Unterbewusstsein (oder die Seele) enthält bereits das Ereignis, das eintreten wird, denn dieses ist nur die Manifestation der unterbewussten Gedanken. Worauf wir sie auch richten, was immer wir erbitten, wird uns zuteil.

In der Bibel bedeutet der Teufel Unwissenheit oder Missverständnis – eine verkehrte Vorstellung von Gott, der Welt und dem Leben, eine falsche Anwendung des universalen Gesetzes. Eigentlich ist der Teufel der »umgekehrte« Gott, eine verdrehte, krankhafte, böse Vorstellung vom Gott der Liebe. Das heißt, es gibt kein diabolisches Wesen mit Hörnern, Hufen und Schwanz. Dieses ist nur eine verzerrte Ausgeburt unserer Phantasie. Wenn wir nicht zugeben wollen, dass der so genannte Teufel sich in unserem Innern befindet, setzen wir voraus, dass er außerhalb unserer selbst existiert. Doch gewiss ist allein Gott allgegenwärtig, also auch in jedem von uns anwesend; sonst hätte dieser umfassende Begriff keinen Sinn.

Ein Mann erzählte mir, er sei im Dschungel verwundet worden und habe gebetet, dass jemand käme und ihn rettete. Er sagte: »Da war ein Mann, der in diesem Dschungel jagte und plötzlich das Gefühl hatte, dass er seinen Kurs ändern sollte. Er tat es, sah mich, versorgte meine Wunde und half mir, eine Behausung zu finden.« Der verletzte Mann bat um Hilfe, und der Jäger änderte seinen Kurs aufgrund eines instinktiven Gefühls, einer spontanen Wahrnehmung. Die unendliche Intelligenz führte den Jäger, damit er zum Retter würde. Aber in beiden Männern war das eine Wesen, das eine Sein wirksam.

Ihnen geschieht, was Sie glauben, und der Glaube

ist ein Gedanke in Ihrem Kopf. Keine äußere Macht, kein böser Geist will sie verführen oder verletzen. Viele Leute führen ihre Leiden ständig auf die Umgebung, das Wetter oder andere Umstände zurück, einige sogar auf den Voodoo. Sie sagen, schwarze Magie sei am Werk, oder: »Jemand übt einen bösen Zauber auf mich aus.« Kein Mensch hat eine solche Macht. Die Macht Gottes ist in Ihrem Innern. Mit Gott sein heißt, in der Mehrheit sein. Wenn Gott für Sie ist, wer könnte dann gegen Sie sein?

Buchstabieren Sie das Wort live (leben) rückwärts, und Sie erhalten das Wort evil (böse). Das heißt, wenn Sie ein rückwärts gewandtes Leben führen, erfahren Sie das Böse. Ihr Böses ist die Umkehrung des Lebensprinzips, das für Gott steht. Er bewegt sich als Einheit und sucht durch Sie nach dem Ausdruck seiner Selbst in Form von Schönheit, Liebe, Freude, Frieden, göttlicher Ordnung. Gottes Wille in Bezug auf Sie beinhaltet ein höheres Maß an Leben, Liebe, Wahrheit und Schönheit, das noch Ihre kühnsten Träume übertrifft.

Erkennen Sie also, dass Gott Sie leitet, dass es in Ihrem Leben ein richtiges Handeln gibt. Lesen Sie den 91. Psalm, meditieren Sie darüber und gelangen Sie zu der Einsicht, dass Sie am geheimen Ort des Höchsten weilen, im Schatten des Allmächtigen bleiben. Sie sprechen zu dem Herrn: »Meine Zuversicht und meine Burg, mein Gott, auf den ich hoffe.« Er bedeckt Sie mit seinen Federn, und Sie finden Zuflucht und Ruhe unter seinen Flügeln. Wie die Henne ihre Küken versammelt, um sie zu beschützen, so umgibt der innere himmlische Vater Sie mit dem unsichtbaren Schild seiner Liebe, der Sie unempfindlich macht gegen jede Verletzung. Sie werden immun, von Gott berauscht sein, weil Sie den göttlichen Abwehrstoff erhalten haben.

Die falsche Vorstellung im Kopf wird Teufel, Satan, Widersacher usw. genannt. Die Teufel, die uns verwirren, sind Feindseligkeit, Zwietracht, Hass; wir selbst haben sie geschaffen. Sie treiben einige Menschen in den Wahnsinn. Was können Sie schon erwarten, wenn Sie Verbrecher über Ihr Denken bestimmen lassen? Falls Sie nicht an die Güte und Liebe Gottes glauben, kann dieser fatale Irrtum sehr wohl als Teufel bezeichnet werden, der die Quelle Ihrer Leiden und Ihres Unglücks ist.

Gott oder der allmächtige lebendige Geist oder das Lebensprinzip verurteilen und bestrafen nicht; derlei ist von vornherein ausgeschlossen. Gut und Böse sind Bewegungen im eigenen Denken. Der Glaube, Gott bestrafe uns oder ein Teufel führe uns in Versuchung, zeugt von einer sehr primitiven Gesinnung.

Unser Bewusstseinszustand – die Art und Weise, wie wir denken und fühlen, was wir glauben und innerlich bejahen – nimmt immer äußere Gestalt an. Er ist die einzige Ursache in unserer Welt. Männer, Frauen und Kinder verleihen ihrer Gemütsverfassung, ihren geistigen Einstellungen, ihren Überzeugungen und Glaubensvorstellungen ständig Ausdruck.

Wir müssen uns vergegenwärtigen, dass die Mehrzahl der Menschen ihr Denken und ihr Vorstellungsvermögen weder schult noch beherrscht noch an gottähnlichen Mustern ausrichtet. Vom Standpunkt des unendlichen Einen aus gesehen, bedeutet ihre Unfähigkeit, konstruktiv und harmonisch zu denken, dass sie den eigenen Geist dem irrationalen Massenbewusstsein öffnen, das angefüllt ist mit Angst, Hass, Eifersucht, Neid und allen möglichen destruktiven Denkweisen und negativen Geschehnissen.

Es gibt die Geschichte von einem Mann, den ein gemeiner und grausamer Chef fristlos entlassen hatte, woraufhin er beschloss, ihn zu erschießen. Jeden Tag wartete er hinter einem Schuppen bei der Fabrik, dass der Chef vorbeikäme. Um nicht ertappt zu werden, hielt er sich dort nur dann auf, wenn niemand sonst in der Nähe war.

Er hatte ein Gewehr. Am dritten Morgen, als er sich in den Schuppen schlich, stolperte er; das Gewehr ging los, und eine Kugel durchbohrte sein Herz. Er erschoss sich selbst.

Man spricht hier von Unfall, aber das stimmt nicht.

Der Mann trug einen Mord im Herzen. In den Zehn Geboten wird uns gesagt: »Du sollst nicht morden.« Da steht nicht: »Du sollst nicht töten.« Diese weit verbreitete Auffassung beruht auf einer frühen falschen Übersetzung aus dem Hebräischen. Im Original liest man: »Du sollst nicht morden.« Anschließend heißt es, dass der Mord aus dem Herzen kommt.

Wenn Sie hassen, sind Sie voller Feindseligkeit und Groll. Dann morden Sie Liebe, Frieden, Harmonie, Einsicht, Freundlichkeit sowie alles übrige Gute. Während Sie Hass und Groll immer weiter nähren, erreichen diese Gefühle einen Sättigungspunkt in Ihrem Unterbewusstsein – und entladen sich dann in einer tödlichen Kugel, einem so genannten Unfall, einer Krebserkrankung oder Ähnlichem. Jedenfalls brauchen diese negativen und destruktiven Emotionen ein Ventil; früher oder später erreichen sie ihre höchste Intensität, und das ist der Augenblick, da sie im Spiegel des Raumes zum Ausbruch kommen. Es gibt keine Unfälle. Hinter dem Gewehr – oder dem Steuer eines Autos, der Lenkstange eines Fahrrads, dem Fahrschalterhandrad einer Lokomotive – befindet sich ein Mensch mit einer spezifischen Geisteshaltung und Gemütsverfassung. Ein Gewehr ist nur ein stählerner Lauf mit Kolben und an sich ungefährlich. Es fügt niemandem Schaden zu – außer man beabsichtigt dies. Man kann jemanden mit einem Gewehr, einem Stein, einem Golfschläger, mit Gift oder auf tausend andere Arten umbringen. Aber jedes der Mittel ist an sich harmlos. Die entscheidende Frage lautet: Wie benutzen Sie es? Jener Mann trug den Mord schon geraume Zeit im Herzen, und sein Unterbewusstsein reagierte entsprechend.

Die Bibel übermittelt Ihnen folgende Botschaft: Dir geschieht nichts, was ich, der Herr, nicht herbeigeführt habe. Und der Herr oder Vater ist Ihr Denken und Fühlen, die alles erzeugen. Die Vereinigung von Bewusstsein und Unterbewusstsein, von Denken und Fühlen ist die Ursache Ihres Schicksals und jeder Erscheinungsform in Ihrer Welt. Ganz gleich, über welchen Inhalt Ihr Bewusstsein und Unterbewusstsein sich einig sind – er nimmt konkrete Gestalt an. Jede Vorstellung, die Sie tief empfinden und als richtig erachten, wird zwangsläufig Wirklichkeit.

Der Herr oder Vater ist Ihr Bewusstseinszustand, Ihre eigene schöpferische Kraft, die alles in Ihrer Welt hervorbringt. Sie machen nur solche Erfahrungen, zu denen in Ihrem Geist eine Affinität besteht. Zwei ungleiche Dinge stoßen einander ab. Harmonie und Disharmonie passen nicht zusammen. Wenn Sie daher glauben, dass die Rüstung Gottes Sie ganz einhüllt und beschützt, dass Seine harmonisierende und heilsame Kraft Sie umsorgt, fahren Sie nicht in einem Zug, der entgleist, reisen Sie nicht mit einem Flugzeug, in dem

Feuer ausbricht oder eine Bombe deponiert wurde. Wenn Sie mit Gott gehen und sprechen und glauben, dass Er Sie führt, dass das Gesetz der Harmonie Sie immer beherrscht, kann Ihnen nichts Schlimmes zustoßen, eben weil Disharmonie und Harmonie sich ausschließen.

Es wäre naiv anzunehmen, dass die Umwandlung einer negativen Überzeugung in eine positive alle Krankheiten und Gebrechen heilen könnte. Zahlreiche Leiden haben zweifellos physische oder organische Ursachen. Doch ein ebenso wesentlicher Teil der Gesundheitsprobleme ist psychosomatisch bedingt. Genau diese kann eine Änderung der Denkweise lösen. Beispiele dafür sind mir aus vielen Ländern und verschiedenen Zeiten zur Kenntnis gelangt, und ich selbst habe einer ganzen Reihe von Menschen geholfen, indem ich ihnen Gebete und Meditationen mit auf den Weg gab, damit sie ihr Unterbewusstsein neu programmieren und wieder gesund werden.

Schuldgefühle, Ängste und Sorgen sind die psychosomatischen Äqivalente für Bakterien und Viren. Sobald an die Stelle dieser negativen Gefühle positive Gedanken an Glauben, Vertrauen und Zuversicht treten, wird die Heilung beschleunigt.

Die meisten Fälle sind keineswegs dramatisch. Sie mögen sich in Schlaflosigkeit, Allergien, Kopfschmerzen, Verdauungsstörungen oder Niedergeschlagenheit äußern. Andere Fälle hingegen stellen schwere Krankheiten dar – zum Beispiel Tumore, Geschwüre, Lähmungen, Herzkrankheiten oder Nervenzusammenbrüche.

Wenn wir von solchen Krankheiten betroffen sind, machen wir gern andere Personen dafür verantwortlich: »Einer meiner Feinde hat mich mit einem Fluch belegt«; oder biologische Faktoren: »Aufgrund meiner Erbanlagen habe ich eine schwache Konstitution«; oder die göttliche Vergeltung: »Ich werde von Gott bestraft.«

Wie weiter oben bereits ausgeführt, liegt die eigentliche Ursache in Ihrem Innern. Allein Sie üben Kontrolle über Ihre Gedanken aus. Andere Menschen beeinflussen Sie vielleicht, doch nur Sie können darüber entscheiden, welche Inhalte von Ihrem Bewusstsein akzeptiert werden und allmählich in Ihr Unterbewusstsein dringen.

Hören wir auf, irgendwelchen Leuten oder Umständen die Schuld an unseren Missgeschicken zu geben. Suchen wir die Ursache von allem in uns selbst. Glauben wir an Gott, an Seine Güte, Liebe und Führung; dann werden wir feststellen, dass jeder unserer Wege angenehm und friedvoll ist. Denn wir sind zum Ausdruck gekommener Glaube.

Oft stellt man mir Fragen im Hinblick auf Kinder. Diese wüssten nicht, wie man betet, und einige kämen um im Feuer, bei Schiffsunglücken und ähnlichen Katastrophen. Nun, Eltern haben ein wachsames Auge auf ihre Kinder. Gott schenkte allen Vätern und Müttern – wie auch allen Tieren, etwa den Löwen und Löwinnen – die Liebe zur eigenen Nachkommenschaft. Seine Liebe wohnt ihnen inne, und es ist ihr Auftrag, dafür zu sorgen, dass das Kind nach dem Bild und der Ähnlichkeit der göttlichen Gegenwart aufwächst. Folglich sind sie da, um zu erkennen, dass es nach dem Bild und der Ähnlichkeit der vorherrschenden mentalen und emotionalen Atmosphäre seines Zuhauses groß wird.

Doch das Kind verfügt noch nicht über Urteilskraft und Vernunft; daher formen die Eltern sein Bewusstsein. Es ist der häuslichen Atmosphäre ausgesetzt. Das Kind ist im Grunde Gottes Kind, und Gottes Liebe erfüllt seine Seele; es wird klüger, vertieft seine Auffassung von Wahrheit und Schönheit. Also prägte Gott Seine Liebe den Vätern und Müttern ein, damit sie ihr Kind durch das nächtliche Dunkel und die Wechselfälle des Lebens zu der Einsicht in Gottes heilige Gegenwart führen, ihm beibringen, dass Er der Gott der Liebe ist, dass diese Liebe es in transzendenter Anmut durchströmt und dass Er sich seiner annimmt. Kinder, die in dem Glauben aufgezogen wurden, dass Gott Liebe ist, die sie umgibt und umhüllt, werden auf wunderbare Weise gedeihen; Gott begleitet sie in jedem Augenblick ihres Lebens.

Zusammenfassung

* Wenn Ihre Gedanken völlig frei sind von Angst und Sorge, denken Sie vom göttlichen Zentrum im Innern her; auf diese Weise denkt, spricht und handelt Gott durch Sie. Infolgedessen zeugen Ihre Worte von Weisheit, Wahrheit und Schönheit, von Harmonie, Gesundheit und Frieden – eben weil Ihre Gedanken vom inneren göttlichen Zentrum gespeist werden.

* Wenn Sie keine konstruktiven, harmonischen und friedlichen Gedanken hegen, wird das Massenbewusstsein für Sie denken. Dieses glaubt an Krankheit, Unfall, Tragödie, Unglück, an Hass, Mord und dergleichen. Falls Sie also nicht eigenständig denken, dringen die negativen Gedanken oder Schwingungen des Massenbewusstseins in Ihren Geist, erreichen dort einen Sättigungspunkt, um dann eine Krankheit, einen Unfall oder ein anderes Missgeschick heraufzubeschwören.

* Das Gesetz des Lebens ist das Gesetz des Glaubens. Wenn Sie sich vor Krankheit fürchten, ziehen Sie

diese förmlich an. Wenn Sie dagegen Ihre Aufmerksamkeit auf die Gesundheit richten, werden Sie gesund sein. Demnach ist das Gesetz des Herrn vollkommen. Sie können nicht an eine Sache denken und zugleich eine andere Sache hervorbringen. Jede Art von Problem ist ein Alarmsystem der Natur, das uns darauf hinweist, dass wir in dieser Richtung verkehrt denken. Nur eine Änderung des eigenen Denkens kann uns frei machen.

* Es gibt kein schlimmeres und gewiss kein verheerenderes Leiden als ein schuldbeladenes Gewissen. Hören Sie auf, sich selbst zu verurteilen, und akzeptieren Sie allmählich, dass die unendliche heilsame Gegenwart Ihr ganzes Wesen erfüllt, dass Gott jeder Zelle Ihres Körpers innewohnt.

* Ihnen geschieht, was Sie glauben, und der Glaube ist ein Gedanke in Ihrem Kopf. Keine äußere Macht, kein böser Geist will sie verführen oder verletzen. Niemand hat Macht über Sie. Die Macht Gottes ist in Ihnen. Mit Gott sein heißt, in der Mehrheit sein. Wenn Gott für Sie ist, wer könnte dann gegen Sie sein?

* Schuldgefühle, Ängste und Sorgen sind psychosomatische Äquivalente für Bakterien und Viren. Sobald

an die Stelle dieser negativen Gefühle positive Gedanken wie Glaube, Vertrauen und Zuversicht treten, wird die Heilung beschleunigt.

5. Kapitel

Das Gebet ist der Schlüssel

Werden Sie verzehrt von Angst oder Sorge? Jeder Mensch ist von Zeit zu Zeit mit Problemen konfrontiert, die eine so heftige innere Unruhe auslösen, dass sein Leben davon beherrscht wird. Einige dieser Sorgen sind unbegründet. Wir zerbrechen uns den Kopf über Dinge, die wahrscheinlich nie geschehen oder auf reiner Einbildung beruhen. Oft aber sind die Probleme tatsächlich vorhanden und nicht länger aufzuschieben. Wir sorgen uns wegen der Schulden, die wir nicht begleichen können; wegen unserer Gesundheit oder der eines geliebten Wesens; wegen unserer Arbeit oder unserer Geldanlagen.

Um diese Sorgen zu überwinden, müssen wir zunächst konkrete Maßnahmen ergreifen, indem wir uns bemühen, das jeweilige Problem aus der Welt zu schaffen. Doch zusätzlich müssen wir unser Denken entsprechend programmieren, damit wir genügend Selbstvertrauen haben, das Problem durchzuarbeiten, und so eine positive Lebenseinstellung entwickeln und beibehalten.

Es gibt eine Methode, dieses Ziel zu erreichen. Der Schlüssel liegt in Gebet und Meditation.

Was ist das Gebet? Jeder Gedanke, den wir hegen, jedes Gefühl, das wir empfinden, ist Teil unseres Gebets. Jeder Gedanke strebt danach, äußere Form anzunehmen, es sei denn, er wird von einem noch intensiveren Gedanken neutralisiert. Im engeren Sinne ist das Gebet der bewusste Kontakt mit der unendlichen Intelligenz im Innern. Ein wirksames Gebet beruht notwendigerweise auf der geistigen Voraussetzung, dass die höchste Intelligenz unseren Wunsch in Erfüllung gehen lässt – und zwar in dem Maße, in dem wir dieser Wahrheit Glauben schenken. Ein solches Gebet ist eine immer wieder bekräftigte positive Einstellung, die schließlich in eine feste Überzeugung mündet. Sobald der Wunsch unterbewusst völlig akzeptiert worden ist, drängt er gemäß dem schöpferischen Gesetz automatisch auf seine Erfüllung.

Ob Sie zu einer unerschütterlichen Überzeugung gelangt sind oder nicht, erkennen sie daran, dass diese in Ihrem Geist fest verankert ist und nicht durch ihr Gegenteil ersetzt werden kann. Sie müssen wirklich glauben, was Sie glauben wollen. Auf diese Weise prägen Sie die Botschaft nachdrücklich Ihrem Unterbewusstsein ein, und es wird entsprechend antworten.

Eine unendliche Intelligenz arbeitet in Ihrem Unterbewusstsein, das auf Ihre Gedanken und Vorstellungen reagiert. Sie müssen in Ihrem Bewusstsein zu eindeutigen Entscheidungen kommen – also beschließen, welche Einsichten Sie gewinnen möchten, was Sie ersehnen, und dann darauf vertrauen, dass das Unterbewusstsein antwortet. Wenn Sie ihm eine Bitte anvertrauen, sollten Sie dies in der absoluten Überzeugung tun, dass es sehr wohl weiß, wie die betreffende Sache praktisch zu verwirklichen ist, und Ihnen die jeweils passenden Mittel und Wege aufzeigen wird.

In der Bergpredigt steht: »Bittet, so wird euch gegeben; suchet, so werdet ihr finden; klopfet an, so wird euch aufgetan. Denn wer da bittet, der empfängt; und wer da sucht, der findet; und wer da anklopft, dem wird aufgetan. Welcher ist unter euch Menschen, so ihn sein Sohn bittet ums Brot, der ihm einen Stein biete? Oder, so er ihn bittet um einen Fisch, der ihm eine Schlange biete?« (Matthäus 7, 7–10)

Hier sagt Ihnen die Bibel, dass Sie, wenn Sie um Brot bitten, nicht einen Stein erhalten, sondern genau das, was Sie wünschen. Fahren Sie fort zu bitten, zu suchen und anzuklopfen, bis Sie eine Antwort erhalten von Ihrem Unterbewusstsein, das sich gerade durch Empfänglichkeit auszeichnet. Begeistern Sie sich. Fühlen und erkennen Sie, dass es eine Lösung für jedes Problem gibt, einen Ausweg aus jedem Dilemma, dass keine Bedingung unabänderlich ist. Einige Menschen glauben, sie seien unheilbar krank, und natürlich geschieht ihnen, was sie glauben. Aber im Beisein Gottes ist alles möglich.

Wir alle suchen Gelassenheit. Sie ist unsere Stärke in Gott, die heilende, schützende Gegenwart in und um uns – das höhere Bewusstsein von Gottes Gegenwart, die uns befähigt, ungeachtet der ringsum überhand nehmenden Tumulte, Aufregungen und Verwirrungen völlig ruhig und ausgeglichen zu bleiben.

Gelassenheit ist ein Kennzeichen der Gegenwart Gottes, ein errungenes Geschenk, das jeder von uns in Reichweite hat. Sie ist unsere Zuflucht und Burg in schwierigen, ständig sich ändernden Zeiten. Wenn wir in der Außenwelt nach passenden Bedingungen für Stabilität und Beistand suchen, ist unsere Mühe vergebens. Dort herrscht stets die Eitelkeit vor, unterliegt alles dem Wechsel.

Sorgen und Ängste zerstören unsere Gelassenheit. Sie kann nur durch das wirksame Gebet wiederhergestellt werden. Dieses wiederum bedarf einer Denkweise, die mit den ewigen Wahrheiten übereinstimmt. Betteln und flehen Sie nicht, sonst ziehen Sie nur weitere Mängel und Beschränkungen an, denn Sie leugnen, dass Ihnen bereits gegeben wurde durch Gott, der Geber und Geschenk in einem ist. Was immer Sie suchen, existiert bereits, eben weil alles aus dem Unendlichen kommt. Richten Sie einfach Ihren Geist neu aus, um sich in Einklang zu bringen mit der Wahrheit.

Als im März 1938 die Armee der Nazis in Wien einmarschierte, machte Vicki W. eine schwere Krise durch. Obwohl sie Katholikin war, hatte sie kurz zuvor einen Juden geheiratet. Die Nazis erklärten sämtliche Ehen zwischen Ariern und Juden für ungültig. Die Familie bat sie inständig, die Nichtigkeitserklärung solcher Ehen zu akzeptieren und zu ihr zurückzukehren. Ihr Mann, der befürchtete, sie würde das gleiche Schicksal erleiden wie er, drängte sie ebenfalls dazu. Er sagte: »Ich weiß nicht, was mit mir geschehen wird. Du bist besser dran, wenn du mich verlässt.«

Vicki betete. »Ich liebe meinen Mann. Ich möchte bei ihm bleiben, eine Familie mit ihm gründen, und ich kenne die Gefahren. Vielleicht werden wir gewaltsam voneinander getrennt, in Konzentrationslager geschickt oder gar umgebracht. Bitte, Gott, gib mir die Stärke und die Weisheit, die richtige Entscheidung zu treffen.«

Sie sprach dieses Gebet jeden Morgen in der Kirche und dann noch einmal abends zu Hause. Sie weigerte sich, ihren Mann zu verlassen. Unterdessen setzte er alle Hebel in Bewegung, um mit ihr Österreich verlassen zu können. Beide waren immer wieder niedergeschlagen, aber Vickis Gebete verhinderten, dass sie die Hoffnung verloren.

Mit Unterstützung von Verwandten ihres Mannes in Amerika und nach Erledigung aller bürokratischen

Formalitäten erhielten sie schließlich zwei Visa für die Vereinigten Staaten. Wenige Wochen, bevor die Nazis den Juden die Ausreise verboten, kehrten sie Österreich den Rücken.

Vicki und ihr Mann ließen sich in Los Angeles nieder, er überlebte seinen Einsatz in der US-Armee während des nachfolgenden Krieges, und sie gründeten eine wunderbare Familie. Das Gebet half Vicky über alle Lebenskrisen hinweg.

Die meisten Menschen sind nicht mit derart existenzbedrohenden Krisen konfrontiert, sondern sorgen sich wegen ihrer täglichen Probleme. Eine allgemeine Quelle der Sorge ist die Disharmonie zu Hause oder am Arbeitsplatz.

Das Gebet kann helfen. Sie können beanspruchen, dass die absolute Harmonie des unendlichen Einen in Ihrem Geist und dem der Menschen ringsum vorherrscht. Dieses Gebet von der absoluten Harmonie des Unendlichen, das Ihre gesamte Atmosphäre belebt, nährt und durchdringt, wird positive Ergebnisse zeitigen. Siedeln Sie all Ihre Gedanken, Vorstellungen und Reaktionen auf der Seite des Friedens und der Harmonie an. Wenn Sie in Ihrem Gegenüber auf Hass stoßen, so machen Sie sich bewusst, dass die göttliche Liebe im Kopf und im Herzen jenes Menschen wie auch in Ihrem eigenen Innern alles auflöst, was ihr unähnlich ist. Das wäre ein wirksames Gebet.

Was auf das Unendliche zutrifft, gilt auch für Sie. Die Einsicht in diese Wahrheit wird Sie befreien. Wenn Sie auf ein kompliziertes Problem keine Antwort wissen, so fordern Sie, dass die Weisheit des Unendlichen sie Ihnen offenbart. Sie werden sie erhalten. Gott ist der Name für diese unendliche Gegenwart und Macht in Ihrem Innern, für das Lebensprinzip und für die Funktionsweise Ihres Bewusstseins und Unterbewusstseins. Wo göttliche Liebe, Frieden, Harmonie und Freude vorhanden sind, gibt es kein Übel, keine Verletzung oder Krankheit.

Sie lösen all Ihre Probleme, indem Sie die Gegenwart Gottes gleichsam aktivieren, das heißt, Ihre Seele mit göttlicher Liebe, Kraft und Harmonie, mit göttlichem Frieden und göttlichem Handeln ausfüllen. Wenn Sie dagegen an Krankheit und Versagen glauben, werden Sie stets die negativen Rückwirkungen dieser Überzeugung zu spüren bekommen. Die tiefen Wahrheiten des Unendlichen sind allen zugänglich, ebenso wie die Sonne auf die Gerechten und auf die Ungerechten scheint, wie der Regen auf die guten und auf die bösen Menschen fällt. Es braucht nicht mehr als den Glauben an Gott. Glauben bedeutet im Grunde, dass man sich auf die Gegenwart Gottes besinnt.

Von frühester Zeit an haben sich die Menschen gefragt, warum es Kriege, Hungersnöte, Katastrophen und Krankheiten gibt. Nun, es gibt sie, damit wir innerlich reifen und schließlich den Zustand der Gelassenheit erlangen. Alle Probleme, Kümmernisse und Veränderungen, die uns zu schaffen machen, zielen darauf ab, dass wir aufwachen und reif werden.

Diese Widrigkeiten sind an sich nicht böse oder schlecht. Es ist der Schleier der Unwissenheit, der uns daran hindert, die eigenen Kräfte der Güte, der Liebe, des Lichts wahrzunehmen oder zu fühlen, und der so unsere Leiden verursacht.

Die wesentlichen Probleme liegen nicht in den jeweiligen Bedingungen oder Umständen begründet, sondern in der Persönlichkeit. Diese Vorstellung wird denen nicht behagen, die nur hören wollen, wie sehr sie missbraucht oder misshandelt wurden; für diejenigen aber, die sich und ihr Leben heilen möchten, ist sie ein Hinweis auf jene Gegenwart im Innern, die immerzu sagt: »Du bist größer, als es dir jetzt bewusst sein mag!«

Dank dieser Gegenwart, dieser Einstellung und Hinwendung zum Leben setzen wir unsere Suche fort, anstatt uns zurückzulehnen und gar nichts zu unternehmen. Die Mehrheit aber hat eine andere Grundanschauung und behauptet: »Die Welt oder die Gesellschaft oder meine Eltern, meine Familie ist für mein Elend und Unglück verantwortlich.« Das ist falsch. Deshalb erwidert die Gegenwart im Innern: »Du allein bist verantwortlich für deine Leistung und deinen Triumph. Du strebst nach einem tieferen Verständnis, nach einem höheren Bewusstsein, du weißt es besser!«

Einer unserer größten und befreiendsten Triumphe ist die Erkenntnis, dass wir bestimmte Dinge nicht ändern können und sie daher auch nicht ändern müssen. So heißt es im Gebet der Gelassenheit: »Gott, gib uns die Weisheit, den Unterschied (nämlich zwischen dem Veränderbaren und dem Unabänderlichen) zu erkennen.«

Von Ihnen wird lediglich verlangt, die eigene Wahrnehmung und Auffassung zu ändern – und einzusehen, dass jeder Mensch das gottgegebene Privileg hat, so zu sein, wie er ist. Lassen Sie die anderen ihr höchstes Gut in Gott finden. Das Gewicht der Welt wird Ihnen von den Schultern fallen! Sie sind nicht für die ganze Welt verantwortlich. Heilen Sie sich; verfallen Sie nicht mehr dem Irrtum, die Schuld an sämtlichen Übeln und Leiden läge bei Ihnen.

Erlauben Sie jedem Menschen – auch Ihren Kindern – sich selbst zu finden. Sie haben Ihr Bestes getan, um ihnen ein Gefühl für Sittlichkeit oder Tugendhaftigkeit zu vermitteln; niemand kann mehr tun. Lassen Sie sie los, vertrauen Sie sie Gott an. Heilen Sie sich von dem »Messiaskomplex«, sie seien für alles verantwortlich. Das sind Sie nicht! Sie können die Welt nicht retten.

Sie sind für sich selbst verantwortlich. Ändern Sie sich, und Ihre Welt wird sich zum Besseren wenden. Auf diese Weise tragen Sie zum Guten der Welt, der Menschheit bei. Hierin liegt Ihre Verantwortung. Die Alternative wäre, darauf zu warten, dass die ganze Welt sich ändert. Warum quälen und verzehren Sie sich weiterhin? Was hat das bis jetzt gebracht?

Gelassenheit zeugt von geistiger Reife. Sie wird erlangt aufgrund der Erkenntnis, dass Gott, der Vater im Innern und von allem, diese Welt und das gesamte Universum lenkt. »Der innere Vater verrichtet die Werke.« Tragen Sie nur für Ihre Person Verantwortung, allein dadurch stellt sich Gelassenheit ein angesichts des ständigen Wandels. Solche Vorstellungen zu äußern, mag gefühllos klingen. Aber dem ist nicht so. Es hat einen praktischen Nutzen und erweist sich als äußerst wirksam.

Vor einigen Jahren hörte ich, wie ein leitender Handelsvertreter zu seinen Mitarbeitern sprach. Er sagte: »Als erstes machen Sie einen potenziellen Kunden ausfindig. Dann lenken Sie seine Aufmerksamkeit und sein Interesse auf das Produkt. Anschließend gewinnen Sie sein Vertrauen und erzeugen ein Bedürfnis, einen Wunsch nach diesem Produkt. Zu guter Letzt gelangen Sie zu der Einsicht, dass die Sache unter Dach und Fach ist, und es kommt zum Vertragsabschluss.« Dieser Prozess, der zu einem erfolgreichen Verkauf führt, kann auch dem Gebet zum Erfolg verhelfen.

Sind Sie vom Unendlichen vollauf überzeugt? Glauben Sie bedingungslos daran, dass Gott, die unendliche Intelligenz in Ihrem Innern, Sie heilen kann? Diese ist gewissermaßen Ihr potenzieller Kunde. Sie unternehmen den ersten Schritt, um das Gebet zu Ihren Gunsten wirken zu lassen. Es kann Ihr Problem lösen, alle Tränen wegwischen, Sie auf den hohen Weg zu Glück, Freiheit und Seelenfrieden bringen. Der zweite Schritt besteht darin, Aufmerksamkeit und Interesse zu wecken. Wenn Sie inständig glauben, dass eine heilsame Gegenwart Ihnen innewohnt, liefern Sie sich Ihrem höheren Selbst aus – Sie »verkaufen« sich ihm, um im obigen Sprachgebrauch zu bleiben. Richten Sie Ihre Gedanken auf das Unendliche und die göttliche Liebe. Rechnen Sie fest damit, dass Gott, der Sie erschaffen hat, Ihre Gesundheit wiederherstellen kann. Seien Sie ehrlich und geradlinig. Gestehen Sie dem Unendlichen Ihre ganze Kraft und Treue zu. Diese Anerkennung dürfen Sie keiner anderen Macht zollen. Nur so geben Sie sich vorbehaltlos dem Unendlichen hin.

Fangen Sie an, Ihren Geist richtig zu benutzen. Weigern Sie sich, irgendeiner anderen Instanz als dem allmächtigen lebendigen Geist im Innern Macht einzuräumen. Damit verbannen Sie falsche Vorstellungen aus Ihrem Denken und berühren die Gegenwart des

Unendlichen, woraufhin eine mehr oder minder spontane Heilung erfolgt.

Wiederholen wir den Ablauf. Das wirksame Gebet verlangt, dass Sie erstens der einzigen Gegenwart und Macht im Innern absolute Treue und Hingabe bewahren. Diese Macht hat Sie erschaffen und vermag Sie zu heilen. Zweitens müssen Sie unbedingt aufhören, irgendeiner anderen Autorität – der Welt der Erscheinungen, einer Person, einer Sache oder einem Ort – beherrschenden Einfluss zuzuschreiben. Drittens: Egal, welches Problem oder Leiden Ihnen zu schaffen macht – wenden Sie sich davon ab, bekräftigen Sie einfühlsam und wissend: »Gott ist, und diese unendliche heilsame Gegenwart durchdringt, belebt und kräftigt mich nun, heilt mein ganzes Wesen. Die unendliche Liebe durchströmt mich als richtiges Handeln und göttliche Freiheit.« Viertens: Sie bedanken sich für die glückliche Lösung. Erklären Sie frohgemut: »Vater, ich danke dir für die vollkommene Antwort. Ich weiß, dass jetzt Gott am Werk ist. Im Geiste habe ich den Saum deines Gewandes berührt und die umfassende Rückwirkung der unendlichen Macht genau erkannt. Das ist wunderbar.«

Besinnen Sie sich auf die göttliche Gegenwart, auf jenes unendliche Meer des Friedens, der absoluten Harmonie, der Ganzheit und Schönheit, der grenzenlosen Liebe und Kraft. Seien Sie sich bewusst, dass die unendliche Gegenwart und Macht Sie liebt und umsorgt. Sobald Sie in dieser Weise beten, wird die Angst allmählich von Ihnen weichen. Richten Sie Ihre Gedanken auf Gott und Seine Liebe. Fühlen und erkennen Sie, dass es nur eine heilsame Macht mitsamt entsprechender Wirkung gibt. Keine andere Macht kann die Werke des Unendlichen anfechten.

Bestätigen Sie leise und liebevoll, dass die erhebende und stärkende Kraft der heilsamen Gegenwart Sie durchströmt und völlig gesund macht. Nehmen Sie bewusst wahr, dass Harmonie, Schönheit und Lebendigkeit des Unendlichen in Ihnen als Frieden, Anmut, Stärke, Ganzheit und richtiges Handeln zum Ausdruck kommen.

Wenn Sie zum Beispiel den Zustand Ihres erkrankten Herzens ins Gebet mit einbeziehen, so konzentrieren Sie sich nicht auf das angegriffene Organ. Das wäre keine vergeistigte Form des Denkens. Dieses nimmt konkrete Gestalt an, verkörpert sich in Zellen, Geweben, Nerven und Organen. Indem Sie alle Aufmerksamkeit auf Ihr krankes Herz oder den Bluthochdruck richten, verstärken Sie wahrscheinlich nur die bereits vorhandenen Symptome. Grübeln Sie darüber genauso wenig nach wie über Organe oder andere Körperteile. Besinnen Sie sich einfach auf die unendliche heilsame Gegenwart im Innern, die sich dort als Schönheit, Liebe, Harmonie, Freude, Weisheit, Kraft und Stärke bemerkbar macht. Dann verherrlichen Sie wirklich Gott in Ihrem Körper.

Gehen Sie voller Freude durch die Welt, ohne nachzulassen, ohne ihre Übel und Qualen in sich aufzunehmen. Entlocken Sie ihr jede nur erdenkliche Wonne. Führen Sie zu Ende, was halb fertig oder erledigt ist. Gottes Vorsehung, Liebe und Schutz sind überall vorhanden. Öffnen Sie die Augen, um diese göttlichen Attribute wahrzunehmen, und ihr Herz, um sie zu empfangen. Sie werden jene innere Erfüllung und heitere Gelassenheit kennen und schätzen lernen, in denen sich Gottes ewige Liebe offenbart.

Zusammenfassung

* Jeder Gedanke, den Sie hegen, jedes Gefühl, das Sie empfinden, ist Teil Ihres Gebets. Jeder Gedanke strebt danach, äußere Form anzunehmen, es sei denn, er wird von einem noch intensiveren Gedanken neutralisiert. Im engeren Sinne ist das Gebet der bewusste Kontakt mit der unendlichen Intelligenz im Innern. Ein wirksames Gebet beruht notwendigerweise auf der geistigen Voraussetzung, dass diese höchste Intelligenz Ihren Wunsch in Erfüllung gehen lässt.

* In Ihrem Unterbewusstsein ist eine unendliche Intelligenz am Werk, die auf Ihre bewussten Gedanken und Vorstellungen reagiert. Wenn Sie ihm eine Bitte anvertrauen, sollten Sie dies in der festen Überzeugung tun, dass es genau weiß, wie die betreffende Sache praktisch zu verwirklichen ist, und dass es Ihnen die jeweils passenden Mittel und Wege aufzeigen wird.

* Falls Sie mit jemandem uneins sind, müssen Sie all Ihre Gedanken, Vorstellungen und Reaktionen auf der Seite von Frieden und Harmonie neu ausrichten. Stoßen Sie bei einem Menschen auf Hass, so handeln Sie gemäß der Einsicht, dass die göttliche Liebe in seinem wie auch in Ihrem Geist und Herz alles auflöst, was ihr unähnlich ist.

* Von Ihnen wird lediglich verlangt, die eigene Wahrnehmung und Auffassung zu ändern – und einzusehen, dass jeder Mensch das gottgegebene Privileg hat, so zu sein, wie er ist. Lassen Sie die Anderen ihr höchstes Gut in Gott finden. Das Gewicht der Welt wird von Ihren Schultern fallen! Sie sind nicht für die ganze Welt verantwortlich. Heilen Sie sich; verfallen Sie nicht mehr dem Irrtum, die Schuld an sämtlichen Übeln und Leiden läge bei Ihnen.

* Machen Sie sich bewusst, dass die unendliche Gegenwart und Macht Sie liebt und umsorgt. Wenn Sie auf diese Weise beten, wird Ihre Angst allmählich verschwinden. Richten Sie Ihre Gedanken auf Gott und Seine Liebe. Fühlen und erkennen Sie, dass es nur eine heilsame Macht mitsamt entsprechender Wirkung gibt. Keine andere Macht kann die Werke des Unendlichen anfechten.

6. Kapitel

Ein friedlicher Schlaf

Sie verbringen jeden Tag etwa acht von vierundzwanzig Stunden oder ein Drittel Ihres Lebens im Schlaf. Dieser ist ein göttliches Gesetz. Viele Problemlösungen fallen uns ein, wenn wir tief und fest schlafen. Weit verbreitet ist die Ansicht, es finde ein innerer »Regenerationsprozess« statt, wenn man im Laufe des Tages oder abends ermüdet und einschläft, um den Körper ausruhen zu lassen. Doch im Schlaf herrscht keine völlige Ruhe. Der Höchste, der über uns alle wacht, schlummert und schläft niemals. Herz, Lunge und alle anderen lebenswichtigen Organe funktionieren weiter. Wenn man vor dem Einschlafen Nahrung zu sich nimmt, wird sie verdaut und umgesetzt. Außerdem sondert die Haut Schweiß ab, und auch die Nägel wachsen weiter.

Ihr Körper wird geheilt; neue Zellen entstehen, ersetzen die alten, Nerven und Organe revitalisieren sich. Vor allem aber ruht oder schläft Ihr Unterbewusstsein niemals. Es ist immer aktiv, steuert all Ihre lebenswichtigen Körperfunktionen. Im Schlaf ist das Bewusstsein auf schöpferische Weise mit dem Unterbewusstsein verbunden.

Schlafen Sie also jeden Abend ein mit dem Lob Gottes auf den Lippen. Im Schlaf läuft der innere Heilungsprozess schneller ab, weil das Bewusstsein nicht störend eingreift. Ziemlich oft finden Sie dann Antworten auf Fragen, die Ihnen tagsüber durch den Kopf gingen. Wissenschaftliche Untersuchungen haben ergeben, dass Sie während des Nachtschlafs Eindrücke empfangen, was sich daran zeigt, dass die Nerven der Augen und Ohren, der Nase und der Geschmacksknospen weiterhin reagieren. Auch die Nerven im Gehirn erhalten eine gewisse Aktivität aufrecht.

Diese Untersuchungen beweisen, dass der eigentliche Zweck des Schlafs nicht in der völligen Befreiung von den üblichen Tätigkeiten und Mühen liegt, sondern vielmehr darin, jedem Aspekt des persönlichen Lebens die notwendige Bedeutung für eine ebenso harmonische wie perfekte geistige Entwicklung zuzuordnen.

Schlafmangel hat zur Folge, dass Sie reizbar, launisch und trübsinnig werden. Es wird allgemein anerkannt, dass jeder Mensch mindestens sechs Stunden Schlaf braucht, um gesund zu bleiben. Die meisten von uns benötigen noch mehr davon.

Mediziner und Psychologen, die den Schlafprozess und den Schlafentzug erforschten, stellten fest, dass in einigen Fällen Nervenzusammenbrüche durch krankhafte Schlaflosigkeit verursacht wurden. Vergessen Sie also nicht: Während des Schlafs wird Ihre geistige Batterie neu aufgeladen; nur wer genügend schläft, verfügt über Lebenskraft und Lebensfreude.

Seit vielen Jahren macht die Wissenschaft in dieser Richtung große Fortschritte. Beispielsweise wurden Versuchspersonen bis zu vier Tage lang wach gehalten. In unzähligen Tests untersuchte man die Auswirkungen auf ihre Persönlichkeit und ihr Verhalten. Anhand der Ergebnisse gewannen die Forscher verblüffende Einsichten in die Geheimnisse des Schlafs. Sie wissen jetzt, dass das übermüdete Gehirn offenbar derart heftig nach Schlaf verlangt, dass es alles opfert, um ihn zu bekommen. Schon nach wenigen Stunden Schlafentzug machten die Probanden drei oder vier Mal stündlich ein kleines, verstohlenes Nickerchen, »Lapsus« oder »Mikroschlaf« genannt. Wie im normalen Schlaf sanken die Augenlider herab, verlangsamte sich der Herzschlag. Jeder Lapsus dauerte weniger als eine Sekunde. Manchmal war diese extrem kurze Zeitspanne von Schwärze erfüllt, dann wieder von Bildern, Andeutungen eines Traums.

Je länger der Schlafentzug anhielt, desto öfter kam es zu einem Lapsus, der dann auch länger dauerte, vielleicht zwei oder drei Sekunden. Selbst wenn die Versuchspersonen ein Flugzeug durchs Gewitter steuerten, waren ihnen diese wenigen Sekunden so kostbar, dass sie sich dem Mikroschlaf nicht widersetzen konnten. Das werden Sie bestätigen, wenn Sie schon einmal hinter dem Lenkrad Ihres Wagens eingenickt sind.

Der Schlafentzug hatte außerdem eine bestürzende Auswirkung auf Wahrnehmung und Gedächtnis. Viele der Versuchspersonen konnten sich eine bestimmte Information nicht lange genug merken, um diese mit den zu erledigenden Aufgaben in Verbindung zu bringen. Sie waren völlig verwirrt in Situationen, in welchen von ihnen verlangt wurde, mehrere Faktoren in Erinnerung zu behalten und entsprechend zu handeln; dazu ist auch der Pilot gezwungen, wenn er Windrichtung, Fluggeschwindigkeit, Flughöhe und Gleitweg geschickt aufeinander abstimmt, um eine sichere Landung zu ermöglichen.

Allem Anschein nach bot sich George G. eine großartige Gelegenheit. Ein früherer Arbeitskollege gründete eine Firma, um von der schnell wachsenden Internet-Industrie zu profitieren, die in den USA auch als »dot.com-Boom« bezeichnet wird. Er war ein brillanter Ingenieur, und George hatte großes Vertrauen in seine technischen Fertigkeiten. Die erforderliche Einlage belief sich auf 50 000 Dollar – praktisch die Summe, die George G. in seinem Portefeuille hatte. Er überlegte, ob er akzeptieren sollte oder nicht. Der Erfolg würde ihn zum Millionär machen, der Misserfolg in den Ruin treiben.

Am Abend vor der notwendigen Entscheidung sprach er folgendes Gebet: »Die schöpferische Intelligenz meines Unterbewusstseins weiß, was am besten für mich ist. Sie ist stets dem Leben zugewandt und offenbart mir die richtige Entscheidung, die mich und alle betroffenen Personen beglückt. Ich danke schon jetzt für die Antwort, die mir ganz gewiss zuteil wird.«

Er wiederholte dieses Gebet mehrmals wie ein Wiegenlied, das man vor dem Einschlafen singt. Morgens nach dem Aufwachen sagte ihm sein Gefühl, dass er die Investition nicht tätigen sollte. Er hatte weiterhin Vorbehalte. Die Versuchung, das Risiko einzugehen, war groß, aber er beschloss, seinem Gefühl zu folgen, und lehnte das Angebot ab. Er sah, wie die Firma ihre Geschäfte aufnahm und zu florieren begann, doch nur wenige Monate später platzte die »dot.com-Blase«, wodurch auch die Firma Bankrott ging.

Das Bewusstsein mochte aufgrund der objektiven Tatsachen zwar richtig liegen, aber das intuitive Vermögen des Unterbewusstseins ahnte das Scheitern der Firma voraus und führte George G. zu der einzig angemessenen Entscheidung.

Wenn Sie unter Schlaflosigkeit leiden oder Mühe haben einzuschlafen, so sinnen Sie einfach über die wunderbaren Worte der Psalmen nach. Im 4. Psalm heißt es: »Ich liege und schlafe ganz mit Frieden; denn allein du, Herr, hilfst mir, dass ich sicher wohne.« Der 127. Psalm besagt: »... denn seinen Freunden gibt er es im Schlaf.« Und in den Sprüchen Salomos steht: »Dein Schlaf sei süß. Ich werde mich niederlegen in Frieden und schlafen, denn du, mein Herr, lässt mich sicher wohnen.« Sprechen Sie sich diese Bibelverse immer wieder leise vor, und Sie werden erstaunt sein, welch herrlichen Schlaf Sie haben.

Schlafend empfinden Sie dann das Gefühl, endlich so zu sein, wie Sie es ersehnten. Entspannen Sie sich und lassen Sie innerlich los. Sie möchten Ihren Wunsch, Ihr Ideal verwirklichen und das erlangen, was Ihrem Herzen am nächsten steht. Erkennen Sie, dass Gott Ihnen diesen Wunsch eingab. Sagen Sie: »Ich schlafe ein, nehme den Wunsch bedingungslos an und gehe im Licht der Einsicht, dass er so und nicht anders ist.« Akzeptieren Sie die Realität Ihres Wunsches, während Sie in Schlaf sinken. Bejahen Sie das Gefühl, nun so zu sein, wie Sie sein wollten. Gehen Sie davon aus, dass Sie jetzt das haben, wonach Sie verlangten. Willigen Sie ein, dass Sie sich heute in der Weise erfahren, die Ihnen seit langem vorschwebt. Leben Sie in dieser Rolle, dieser Stimmung. Sie gleiten in die Tiefen des Schlafs und prägen dabei mit Ihren Botschaften das Unterbewusstsein.

Der Schlaf ist ein Zustand vollkommener Harmonie,

und wenn Sie sich »Frieden, Frieden, Frieden« vorsagen, schlafen Sie mühelos ein. Oder Sie äußern nur das Wort »Schlaf« und wiegen sich so in den Schlaf. Sprechen Sie es leise vor sich hin, dann wird er Sie übermannen.

Vergessen Sie nicht, dass die Zukunft, das Ergebnis Ihres gewöhnlichen Denkens, bereits in Ihrem Geist vorhanden ist, es sei denn, Sie ändern dessen Inhalte durch das Gebet. Die Zukunft eines Landes liegt im kollektiven Unterbewusstsein seiner Bürger beschlossen. Machen Sie sich deutlich, dass Ihnen im Schlaf manchmal wunderbare Antworten auf bestimmte Fragen einfallen. Mittels Ihrer üblichen Gedanken und Vorstellungen gestalten Sie heute Ihre Zukunft. Sagen Sie jeden Abend, wenn Sie die Augen schließen, aber nicht einschlafen können: »Ich schlafe in Frieden, erwache in Freude, lebe in Gott.« Oder: »Ich werde acht Stunden lang friedlich schlafen und dann freudig erwachen, denn ich lebe in Gott.« Benutzen Sie daraufhin das Wort »Frieden« oder »Schlaf« und wiegen Sie sich damit in den Schlaf. Dieser ist ein Zustand der inneren Einheit.

Das folgende Gebet hilft Ihnen, Vertrauen zu haben, Ruhe und Trost zu finden. Wiederholen Sie es jeden Abend vor dem Einschlafen: »Gib, o ewiger Gott, dass wir uns in Frieden hinlegen, und erwecke uns dann zu neuem Leben. Breite über uns das Obdach Deines Friedens; führe uns mit Deinem guten Ratschluss; und sei, um Deines Namens willen, unser Beistand. Schütze uns vor Hass und Qual; bewahre uns vor Krieg und Hungersnot und Schmerz; unterdrücke unsere Neigungen zum Bösen, o Gott, unser Hüter und Helfer, unser gnädiger und barmherziger Herrscher, gewähre uns Zuflucht im Schatten Deiner Flügel. Überwache unser Kommen und Gehen, damit wir jetzt und immer Leben und Frieden haben.«

In meinem Buch The Power of Your Subconscious Mind (Die Macht Ihres Unterbewusstseins) habe ich davon erzählt, wie ein Mann während eines zweiminütigen Schlafs eine wunderbare Lösung fand. Er hieß Ray Hammerstrong und arbeitete in einer Stahlfabrik in Pennsylvania. Ein Schalter in einem neu installierten Walzwerk, von dem aus die Metallstangen in Kühlbecken befördert werden sollten, funktionierte nicht richtig und brachte die Produktion ins Stocken. Die Ingenieure gaben sich alle Mühe, konnten aber den Schalter nicht reparieren.

Hammerstrong dachte intensiv über das Problem nach und fertigte einen neuen Entwurf für den Schalter an. Auch dieser Versuch schlug fehl. Eines Nachmittags legte er sich hin, um ein Nickerchen zu machen. Vor dem Einschlafen zog er wieder verschiedene Lösungsmöglichkeiten in Betracht. Tief schlafend hatte er dann einen Traum, in dem ihm der perfekte Entwurf für den

Schalter erschien. Nach dem Aufwachen skizzierte er seinen Entwurf gemäß den Umrissen im Traum. Das visionäre Nickerchen brachte Hammerstrong einen Scheck über 15 000 Dollar ein, die höchste Belohnung, welche die Firma bis dahin einem Arbeiter für eine neue Idee zuerkannt hatte.

Ja, oftmals werden Sie im Schlaf belehrt und auf einen Ausweg, eine Lösung für Ihr Problem hingewiesen. Genauso ergeht es manchem Wissenschaftler. Sie sind Herr über Ihre Gedanken, Gefühle und Reaktionen auf das Leben. Seien Sie ein zuverlässiges »Exekutivorgan«, setzen Sie den Inhalt Ihrer Gebete »weisungsgemäß« in die Praxis um. Lernen Sie, Aufgaben zu delegieren, vertrauen Sie Ihre Bitte voller Glauben und Vertrauen dem Unterbewusstsein an. Es weiß, wie Ihr Problem zu lösen ist, und lässt Ihnen die entsprechende Antwort zukommen.

Übertragen Sie ihm Ihre Bitte jetzt, bestärkt durch Glauben und Vertrauen. Seien Sie sich innerlich darüber im Klaren, dass Sie Ihre Bitte tatsächlich dem tieferen Bewusstsein anvertraut haben, welches erfüllt ist von Intelligenz und Weisheit. Sie werden eine Antwort erhalten, denn es steht geschrieben: »In Ruhe und Vertrauen soll eure Stärke liegen.«

Schlafen Sie nie mit negativen Gedanken ein. Es ist äußerst wichtig, dass Sie sich nachts Stärke und Zuversicht verleihen, alle Anzeichen, Vorstellungen, Gefühle von Ungewissheit oder Angst auslöschen und jede Sorge, die im Gehirn eine Spur hinterlassen und sich auf Ihrem Gesicht abzeichnen würde, verwerfen. Ein sorgenvolles Denken erzeugt zweifellos Kalk im Gehirn und verhärtet die Zellen.

Sinken Sie in Schlaf mit jenen höchsten Wünschen und Idealen, die Ihnen ganz besonders am Herzen liegen, deren Verwirklichung Sie am meisten beunruhigt. Da der Geist während des Schlafs seine Tätigkeit fortsetzt, werden diese Wünsche und Ideale noch verstärkt. Es ist allgemein bekannt, dass dann unreine Gedanken und Wünsche ein schreckliches Chaos anrichten. Deshalb sollten reine Gedanken, edle Absichten und weit gesteckte Ziele den Geist beim Einschlafen beherrschen.

Wenn Sie morgens aufwachen, so stellen Sie sich Ihre positiven Eigenschaften so lebhaft wie möglich vor. Sagen Sie sich: »Ich bin wohlauf und gesund, stark und voller Elan. Ich werde meine Ziele erreichen, gesund sein in Körper und Geist, denn in der Tiefe meines Wesens bin ich göttlich, und das göttliche Prinzip kann nicht besiegt werden.«

Vergegenwärtigen Sie sich immer wieder dieses große Gebet: »Ich schlafe in Frieden, erwache in Freude, lebe jetzt und für immer in Gott.«

Zusammenfassung

* Ziemlich oft werden Ihnen Lösungen zu jenen Problemen, die Sie den ganzen Tag über beschäftigt haben, während des Schlafs zuteil.

* Vergessen Sie nicht: Im Schlaf wird Ihre geistige Batterie neu aufgeladen, und nur wenn Sie genügend schlafen, können Sie Lebenskraft und Lebensfreude empfinden.

* Bejahen Sie das Gefühl, so zu sein, wie Sie es ersehnten. Gehen Sie davon aus, dass Sie jetzt das haben, wonach Sie verlangten. Willigen Sie ein, dass Sie sich heute in der Weise erfahren, die Ihnen seit langem vorschwebt. Leben Sie in dieser Rolle, dieser Stimmung. Sie gleiten in die Tiefen des Schlafs und prägen dabei mit Ihren Botschaften das Unterbewusstsein.

* Oftmals werden Sie im Schlaf belehrt und auf einen Ausweg, eine Lösung für Ihr Problem hingewiesen. Sie sind Herr über Ihre Gedanken, Gefühle und Reaktionen auf das Leben. Wenn Sie beten, so vertrauen Sie Ihre Bitte voller Glauben und Vertrauen dem Unterbewusstsein an. Es weiß, wie Ihr Problem zu lösen ist, und übermittelt Ihnen die ent-

sprechende Antwort. Diese werden Sie tatsächlich erhalten, denn es steht geschrieben: »In Ruhe und Vertrauen soll eure Stärke liegen.«

7. Kapitel

Die tiefere Bedeutung des 23. Psalms

Der Herr ist mein Hirte, mir wird nichts mangeln. Er weidet mich auf einer grünen Aue und führet mich zum frischen Wasser. Er erquicket meine Seele. Er führet mich auf rechter Straße um seines Namens willen. Und ob ich ich schon wanderte im finstern Tal, fürchte ich kein Unglück; denn du bist bei mir, dein Stecken und Stab trösten mich. Du bereitest vor mir einen Tisch im Angesicht meiner Feinde. Du salbest mein Haupt mit Öl und schenkest mir voll ein. Gutes und Barmherzigkeit werden mir folgen mein Leben lang, und ich werde bleiben im Hause des Herrn immerdar.«

Das ist der 23. Psalm. Wahrscheinlich wird er von allen Psalmen des Alten Testaments am häufigsten zitiert. Viele Menschen unterschiedlicher Glaubensrichtungen sinnen über die darin enthaltenen tiefen Wahrheiten nach – und erzielen wunderbare Ergebnisse. Sobald Sie sich auf diese Wahrheiten konzentrieren, nehmen Sie sie in Ihren Geist auf und meditieren im wahren Sinn des Wortes; denn Sie eignen sich mehr von Ihrer Göttlichkeit, der göttlichen Gegenwart an, die dem Wesen jedes Menschen innewohnt.

Im beschaulichen Nachdenken prägen Sie Ihr Schicksal. Sie denken ständig nach. Ihre Vorstellungen und Gefühle bestimmen über Ihr Schicksal. Diese Art der Meditation ist so wirklich und natürlich wie die Nahrungsaufnahme, Verdauung und Atmung.

In Las Vegas begegnete ich einer Frau, die unter einem Schock litt. Sie hatte ihre Stimme verloren. Die Ärzte, die Kehle und Stimmbänder untersuchten, konnten weder eine Entzündung noch irgendeine andere Krankheit feststellen. Auf meinen Vorschlag hin begann sie einzuüben, was ich als echte Meditation bezeichne. Ihr Sohn sollte in wenigen Wochen aus Vietnam zurückkehren. Wie ich ihr aufgetragen hatte, setzte sie sich ruhig hin und stellte sich vor, wie sie ihn umarmt, zu Hause willkommen heißt und all das sagt, was eine Mutter in solch einer Situation sagen würde. Das tat sie zwei oder drei Mal täglich, jeweils etwa zehn Minuten lang. Damit richtete sie ihre Aufmerksamkeit auf ein ausgewähltes Ziel. Nach zwei Wochen kam ihr Sohn nach Hause, klopfte an die Tür, und sie begrüßte ihn. Sie fing an, ganz natürlich mit ihm zu sprechen. Eben das ist echte Meditation. Sie achtete auf ihre Stimme sowie auf die Tatsache, dass sie redete, dass sie ihn willkommen hieß. Es war ein mentales und spirituelles Drama, das in ihrem Geist stattfand.

»Der Herr ist mein Hirte …« Der Herr ist Gott, der allmächtige lebendige Geist, im Besonderen auch Ihr Bewusstsein und Wissen von dieser unendlichen Gegenwart und Kraft im Innern. Der Hirte sorgt für seine Herde, und die göttliche Macht sorgt für Sie. Wenn Sie sich dieser innewohnenden Gegenwart zuwenden, liegt es in deren Natur, Ihnen zu antworten.

Der Psalmvers fährt fort: »… mir wird nichts mangeln.« Das heißt, es wird Ihnen nie an Beweisen dafür mangeln, dass Sie Gott zu Ihrem Hirten gewählt haben. Der Hirte wacht über seine Schafe, liebt und pflegt sie. Er untersucht die Weide, auf der sie grasen, und entfernt jene Schmetterlingsblütler, die für die Tiere schädlich wären. Er treibt sie in den Schatten und führt sie in einer Reihe den Steilhang hinab zum Wasser, wo sie sich erfrischen können. Abends kontrolliert er ihre Nüstern, um zu sehen, ob irgendwelche Nadeln oder andere Fremdkörper darin stecken. Wenn das der Fall ist, zieht er sie heraus und gießt schmerzlinderndes Öl auf die Wunde. Außerdem begutachtet er die Hufe; wenn eine Verletzung vorliegt, trägt er liebevoll eine Salbe auf oder wendet behutsam ein anderes Heilverfahren an, das angemessen ist.

Der Hirte liebt seine Schafe. All das ist natürlich symbolisch und sehr bedeutungsvoll; es weist uns alle darauf hin, dass uns an nichts mangelt, wenn wir Gott – den lebendigen Geist im Innern, die höchste Intelligenz, das Lebensprinzip – zu unserem Hirten wählen. Mit Gott als Leitfigur und Berater bleibt uns kein Gut vorenthalten.

Ehe wir auf das Gebet eine Antwort erhalten, müssen wir uns über den betreffenden Wunsch völlig klar werden und dessen mentales Äquivalent im Bewusstsein verankern. Das geschieht, indem wir mit Interesse und Gefühl daran denken, was wir ersehnen, und unsere ganze Aufmerksamkeit darauf richten. Allmählich sinkt dann diese Botschaft – aufgrund einer Art Osmose – ins Unterbewusstsein und wird zu einer festen Überzeugung.

Das Bewusstsein umfasst die Summe unserer sowohl bewussten als auch unbewussten Zustimmungen und Anschauungen. Sein Zustand hängt davon ab, wie wir denken, fühlen, glauben und was immer wir innerlich gutheißen. All das zusammen bildet die einzige Gegenwart, Kraft, Ursache und Substanz in unserer persönlichen Welt. Wenn wir zu dieser Einsicht gelangen, haben wir Gott im Innern entdeckt. Mit anderen Worten: Unser Wunsch muss sich im Unterbewusstsein »ablagern«. Das Sein geht notwendig dem Haben voraus.

Die alten Hebräer sagten: »Sein ist Haben.« Wenn wir durch äußere Mittel unsere Wünsche zu verwirklichen suchen, sind wir der Bibel zufolge Diebe oder Betrüger. Allein der Bewusstseinszustand – unsere Art zu denken, zu fühlen, zu glauben – ist das Tor zu jeder Erscheinungsform. Uns geschieht, was und wie wir glauben. Wir müssen zunächst das geistige Äquivalent dessen besitzen, was wir in dieser Welt sein oder haben wollen.

Nehmen wir ein einfaches Beispiel. Sie möchten geheilt werden und bekräftigen immer wieder: »Ich bin geheilt.« Diese mechanische Aussage genügt jedoch nicht. Sie müssen bewusst das freudige Gefühl empfinden, tatsächlich geheilt zu sein. Sie müssen erkennen, dass es eine unendliche heilsame Gegenwart gibt, die Sie aus einer Zelle erschuf. Diese kennt sämtliche Funktionen und Prozesse Ihres Körpers. Sie heilt einen Schnitt an Ihrem Finger, lindert eine Brandwunde, macht Sie wieder gesund. Alles Lebendige strebt nach Heilung. Sie brauchen also eine feste Überzeugung, die auf dem stillen Wissen der Seele beruht.

Um reich zu werden, müssen Sie das Gefühl, reich zu sein, vollkommen bejahen und sich klarmachen, dass Gott oder der Geist in Ihrem Innern die Quelle der ganzen Welt ist – die Quelle der Haare auf Ihrem Kopf, des Brots auf Ihrem Tisch, der Schuhe, die Sie tragen, des Bodens, auf dem Sie gehen, der Luft, die Sie atmen, des Sonnenlichts und der Sterne, die sich am Nachthimmel zeigen. Dann wird sich auch der Reichtum einstellen, gründend auf Bewusstsein, Wissen, Verstehen und Empfindung.

Die Schafe sind edle, würdevolle, gottähnliche Ideen, die uns beglücken. Unsere Überzeugung in Bezug auf Gott ist der Hirte, der über die Schafe wacht. Die vorherrschende Geistesverfassung gebietet in der gleichen Weise über unser Leben wie ein General über seine Armee. Wir rufen unsere Schafe beim Namen, wenn wir das Bewusstsein erlangen, sie zu besitzen – so zu sein, wie wir es uns ersehnen, oder das zu haben, wonach wir verlangen. Indem wir derartige Gemütsverfassungen immer wieder fördern, »verfestigen« sie sich in unserem Innern und nehmen Gestalt an; dann verwandeln sich diese subjektiven Verkörperungen in objektive Erscheinungsformen.

Die Schafe werden den Fremden nicht folgen, sondern vor ihnen fliehen, denn sie kennen deren Stimmen nicht. Die Fremden sind Gedanken, die von Angst, Sorge, Zweifel, Verurteilung, Eifersucht oder Neid zeugen und von unserem Geist Besitz ergreifen. Sie beeinträchtigen unsere Heilung, unser Glück und verzögern den wahren Ausdruck unserer selbst, eben weil sie die Stimmen von Fremden sind.

Wären zum Beispiel 20 000 Schafe in einem Pferch, und morgens kämen zehn Hirten, um sie herauszutreiben, würde ein jeder rufen: »Folgt mir!« Alle Schafe, die einem bestimmten Hirten gehören, würden dessen Stimme erkennen und ihm folgen. Doch wenn ein Fremder riefe: »Folgt mir!«, würden sie nicht reagieren. Das heißt ganz einfach: Wenn Sie das deutliche Gefühl haben, so zu sein, wie es Ihrem Wunsch entspricht, und wissen, dass eine allmächtige Kraft Sie unterstützt, zu Ihren Gunsten wirkt, dann wird jenes Ideal, das Sie verwirklichen möchten, in Erscheinung treten und das Licht auf Ihrem Weg scheinen.

Es ist müßig, dafür zu beten, dass die unendliche heilsame Gegenwart Sie ganz und vollkommen macht, und gleichzeitig zu befürchten oder sich darüber zu ärgern, dass Sie nicht geheilt werden können. Wenn Sie glauben, dass Bedingungen, Umstände, Ereignisse, Alter, Hautfarbe, Geldmangel usw. die Möglichkeit ausschließen, das gesteckte Ziel zu erreichen, so sind Sie, biblisch gesprochen, ein Dieb oder Betrüger, weil Sie sich der Freude über das beantwortete Gebet berauben. Nichts kann sich dem unendlichen widersetzen, und der unendliche Geist gab Ihnen den Wunsch ein. Der Wunsch ist gut; deshalb sagen Sie, dass Sie ihn vom unendlichen Geist empfangen haben. Dieser macht sich nicht über Sie lustig, sondern offenbart Ihnen den vollkommenen Plan zur Verwirklichung des Wunsches gemäß göttlichem Gesetz und göttlicher Ordnung.

Der Same, den Sie in die Erde setzen, birgt die ihm eigenen Strukturen und Mechanismen. Die Eiche ist in der Eichel enthalten, aber damit sie gedeiht, muss sie in fruchtbaren Boden gelangen. Der Same ist Ihr Glaube, denn Sie verstehen das hier wirksame Gesetz. Und der Same ist Ihr Wunsch – nach einer neuen Erfindung, einem weiteren Buch oder danach, ein größerer Mensch zu werden. In der Bibel steht: Alle Überzeugungen, die je vor mir waren, sind Diebe und Betrüger. Sie müssen fest daran glauben, dass Sie heute so sind, wie Sie gerne sein möchten. Glauben heißt, hier und jetzt im ersehnten Zustand leben, ihn als richtig akzeptieren und empfänglich sein für die damit verbundenen Wahrheiten. Doch Millionen von Menschen glauben an das Falsche.

Jeder denkt nach, meditiert. In Indien zum Beispiel gibt es Mantras, die ständig wiederholt werden. Das besänftigt das Gemüt und bündelt die geistigen Kräfte. Um dieses Ziel zu erreichen, benutzen viele das Wort »Om«, »Ayim« oder »Sharim«. Möglicherweise bevorzugen Sie einen Ausdruck, der Ihnen sinnvoller erscheint, etwa »Einsicht«, »Friede«, »Liebe« oder »ICH BIN«. Jede Wendung ist nützlich, selbst »Coca Cola«, wenn sie ständig wiederholt wird und so dazu beiträgt, eine ruhige Geistesverfassung herzustellen. Sie werden einen niedrigeren Blutdruck, einen normalen Puls haben und sich insgesamt wohler fühlen. Aber solche Worte helfen Ihnen nicht im Hinblick auf Ihre spirituelle Entwicklung. Diese können Sie fördern durch

Sätze wie: »Göttliche Liebe durchdringt meine Seele« oder »Gottes Friede füllt meinen Geist aus«. Sie müssen sich über Ihr Tun im Klaren sein. Ein Wort oder einen Satz zu sagen, dessen tieferen Sinn Sie nicht verstehen, bringt nicht viel.

Der Begriff »Meditation« leitet sich aus dem Wortstamm med ab, der die Mitte bedeutet, das Medium zwischen der Idee und ihrer Verwirklichung. Medicus ist ein alter Ausdruck für Arzt, weil dieser als das Medium zwischen Krankheit und Gesundheit angesehen wurde. Folglich meditiert jeder Mensch. Einige meditieren über negative Dinge – finanzielle Verluste, die Reifenpanne auf abgelegener Straße, den schlechten Gesundheitszustand oder falsche Entscheidungen, die sie getroffen haben. Dies ist eine äußerst destruktive Form von Meditation. Da solchen Gedanken die ganze Aufmerksamkeit, ja Hingabe zuteil wird, sinken sie ins Unterbewusstsein; folglich verstärken sie sich noch, um dann im Leben ihren entsprechenden Ausdruck zu finden.

Meditieren Sie stattdessen über alles, was wahr, liebevoll, edel und gottähnlich ist. Das heißt, nehmen Sie diese Wahrheiten in sich auf, sinnen Sie darüber nach, schenken Sie ihnen Beachtung, konzentrieren Sie sich. Einmal wurde Isaac Newton gefragt, wie er große Werke vollbringe, und er erwiderte: Ich lenke meine Gedanken in eine bestimmte Richtung. Mit anderen Worten: Er konzentrierte sich auf eine Lösung, den Ausweg, das glückliche Ende. Das gilt auch für Sie: Meditieren Sie, sammeln Sie Ihre Gedanken, interessieren Sie sich für etwas, gehen Sie ganz in einer Sache auf.

Die Meditation zielt darauf ab, den Geist wieder auf gottähnliche Wege zu bringen, damit all Ihre Tätigkeiten in jeder Lebensphase von göttlichem Gesetz und göttlicher Ordnung beherrscht werden. Diesem beschaulichen Nachdenken haftet nichts Geheimnisvolles an. Sie meditieren die ganze Zeit, wenn auch vielleicht nicht immer in konstruktiver Weise. Shakespeare sagte: »Alles ist bereit, so der Geist dazu bereit ist.« In der Bibel steht geschrieben, dass die Werke schon bei der Erschaffung der Welt vollendet waren. Das heißt, dass wir Geist und Herz öffnen und die Geschenke Gottes, die uns seit dem Anfang der Zeit angeboten werden, akzeptieren sollen. Gewiss bitten Sie nicht um Sonnenschein, Luft oder Wasser. Das Meer kümmert es nicht, ob Sie mit einem Fingerhut, einer Korbflasche oder einem Fass kommen, um Wasser einzufüllen. In der Welt ist stets die gleiche Menge an Wasser vorhanden.

Wir sollten unseren Geist neu ordnen und uns die einfache Frage stellen: Wie ist es in Gott und im Himmelreich? Das Himmelreich ist jene unendliche Intelligenz, in der Sie leben, sich bewegen und Ihr Sein haben. Gott ist Geist, und dieser Geist wohnt Ihnen inne. Die Antwort lautet also: Alles ist Glückseligkeit, Harmonie, Freude, Liebe, Frieden, Vollkommenheit und unbeschreibliche Schönheit.

Das ist Ihre Wirklichkeit: der allmächtige, allgegenwärtige, allwissende Eine in Ihrem Innern. Was immer Sie suchen, existiert bereits. Warum auf die Liebe warten? Gottes Liebe durchdringt Sie. Sagen Sie sich das. Bekräftigen Sie: »Gottes Liebe erfüllt meine Seele.« Es herrscht Friede. Sie warten doch nicht darauf, oder? »Gottes Friede füllt meine Seele aus.« Die Freude des Herrn ist Ihre Stärke. Die Kraft ist verfügbar, denn Sie tragen die allmächtige Kraft in sich, und diese übersteigt Zeit und Raum. Es waltet Harmonie. Gott ist absolute Harmonie, die in Ihrem Geist und Ihrem Körper erklingt. Für jedes Problem gibt es jetzt in Ihrem Innern eine Lösung, denn Gott ist das zeit- und raumlose Wesen, das dort seinen Sitz hat, der allmächtige lebendige Geist.

Nur Er kennt die Antwort. Wonach Sie auch suchen – es ist schon vorhanden. Warum sollten Sie darauf warten? Warum sagen Sie: »Eines Tages werde ich glücklich sein«? Nicht die Welt beschert Ihnen Glück, Sie selbst »schmieden« es. Wenn Sie nach Unterweisung suchen, so bekräftigen Sie: »Die unendliche Intelligenz kennt die Antwort, den Ausweg. Noch ehe ich fragend die höchste Weisheit anrufe, weiß ich, dass es in ihrer Natur liegt, mir zu antworten. Ich werde den Wink, die Antwort deutlich wahrnehmen. Ich weiß, dass diese unmissverständlich in mein Bewusstsein gelangt, und begreife sie sofort. Ich kann sie keinesfalls verpassen.«

Danach verbannen Sie die Bitte aus Ihrem Denken in der Gewissheit, dass Sie sie der unendlichen Intelligenz im Unterbewusstsein anvertraut haben. Die Antwort wird zwangsläufig kommen. Sie merken, ob und wann Sie die Bitte »übergeben« haben, weil dann Ihr Geist ruhig ist; außerdem verneinen Sie nicht mehr, was Sie zuvor nachdrücklich bejaht und verfügt haben.

»Er weidet mich auf einer grünen Aue …« Hier in Laguna Hills, Kalifornien, schreibe ich den Satz gerade in ein Buch. Gestern erhielt ich mit der Post den Brief einer Frau auf den Hawaii-Inseln, die mir schrieb, dass sie über diese Worte meditierte: »Er weidet mich auf einer grünen Aue.« Im Laufe einer Woche richtete sie drei Mal täglich etwa eine halbe Stunde lang ihre ganze Aufmerksamkeit auf dieses Versprechen des Psalms. Sie fing an, den Satz von allen Seiten zu betrachten, seinen Sinn zu erforschen und herauszufinden, inwieweit er auf sie zutrifft. Sie erklärte, in ihrer meditativen Stimmung und Anschauung bedeute er geistigen Frieden, Zufriedenheit, Ruhe, Fülle und Sicherheit.

Deutlich kam ihr das Bild einer Kuh in den Sinn, die auf der Weide lag und wiederkäute und so den meditativen Prozess in ihrem eigenen Geist darstellte. Im Wiederkäuen nimmt die Kuh die Nahrung in sich auf, verdaut und setzt sie um in Gewebe, Muskeln, Blut, Knochen, Milch usw. In ähnlicher Weise nahm die Frau diese Wahrheiten in sich auf und verdaute sie, bis auch sie zu einem Teil ihrer selbst wurden. Während also die Kuh auf dem Klee herumkaut, wandert dieser vom einen Magen zum nächsten und wird dann erneut ins Maul befördert; sie kaut ihn wieder und wieder zu einem breiigen Gemisch; und siehe da, es entsteht Milch.

Das ist Meditation. In der Bibel heißt es: »Alles, was gespaltene Klauen hat, ganz durchgespalten, und wiederkäut unter den Tieren, das dürft ihr essen.« (3. Mose 11, 3) Gespaltene Klauen haben heißt, ein klares Verständnis haben von den Wahrheiten Gottes und das Denken ablösen vom Falschen – also wissen, was richtig ist. Dann nimmt man diese Wahrheiten in sich auf, verdaut sie und widmet ihnen die ganze Aufmerksamkeit. Schließlich käut man sie wieder, woraufhin sie zu einem Teil von einem selbst werden – wie ein verspeister Apfel, der chemisch umgesetzt und zu einem Teil des Organismus wird. Das ist Meditation – ganz praktisch und realistisch.

Jene Frau war in eine heikle finanzielle Situation geraten; es drohte der Zwangsverkauf ihres schönen Hauses. Die Mine, in die sie viel Geld investiert hatte, war plötzlich eingestürzt. Außerdem war ihr Sohn spurlos verschwunden; niemand konnte ihn finden. Sie meditierte weiter, und am Ende der Woche erhielt sie von einem Notar die Nachricht, dass eine ferne Verwandte auf der Hauptinsel Hawaii ihr eine hohe Geldsumme hinterlassen hatte. Dadurch war das finanzielle Problem gelöst; sie konnte mit allen Gläubigern befriedigende Vereinbarungen treffen. Zugleich kam ihr Sohn wieder nach Hause. Er war nach Kanada entflohen in der Hoffnung, dort sei alles besser. Nach der Rückkehr war er klüger und imstande, seinen Seelenfrieden wiederherzustellen.

Das war eine echte, konstruktive Meditation. Die Frau eignete sich geistig jene tiefen Wahrheiten an, die dann zu einem lebendigen Bestandteil ihrer selbst wurden – ähnlich einer Banane oder einem Stück Brot, die nach dem Verzehr dem Stoffwechsel unterliegen und dann Teil des Organismus' werden. Sie lenkte ihre Gedanken in aller Ruhe auf eine bestimmte Passage der Psalmen, sann über deren tiefe Bedeutung und heilsame Kraft nach. Sie beschloss, sich im Geiste mit jenen Wahrheiten auf der »grünen Aue« niederzulassen und ringsum in ihrem Leben Harmonie zu erfahren.

»... und führet mich zum frischen Wasser.« Der Bibel zufolge ist der Hirte ein Symbol der leitenden, heilsamen, schützenden Kraft der göttlichen Gegenwart, die Ihnen innewohnt. Sie sind ein guter Hirte, wenn Sie glauben und wissen, dass Gott oder die höchste Intelligenz die einzige Gegenwart und Macht, Ursache und Substanz im Innern ist. Das ist die Macht, die es Ihnen ermöglicht, zu gehen und einen Stuhl hochzuheben; es handelt sich um eine unsichtbare Macht. Sobald diese Überzeugung in Ihrem Denken fest verankert ist, werden Sie göttlich geführt und auf mannigfache Weise gesegnet, denn die unendliche Intelligenz kennzeichnet sich durch Empfänglichkeit. Als würde sie sagen: »Bitte mich um etwas, und ich werde dir antworten. Ich stehe dir bei in der Not. Ich erhöhe dich, denn du hast meinen Namen gekannt.«

Der Name verweist auf die empfängliche Natur der unendlichen Intelligenz, die eindringliche Art und Weise, wie sie auf Ihre Bitte reagiert. Das frische (oder nach anderer Lesart stille) Wasser versinnbildlicht den von Ruhe, Ausgeglichenheit, Gelassenheit und Gleichmut erfüllten Geist. Das heißt, Sie sinnen über die Macht, Weisheit und Liebe des Unendlichen nach. Dabei wird Ihnen bewusst, dass Sie in die heilige Allgegenwart versunken sind, in den Fluss des Friedens, der Freude, der Ganzheit und der Lebenskraft.

Wenn Ihr Geist ruhig ist, stellt sich die Antwort ein. Sie meditieren und wissen, dass Sie geistige Nahrung – bestimmte Vorstellungen – zu sich nehmen und verdauen können. Frieden ist die Kraft im Herzen Gottes.

»Er erquicket meine Seele.« Wenn Sie sich Gott oder die höchste Intelligenz zum Hirten wählen, werden Sie die Lieder des Triumphs singen; oder, um es mit den Worten Emersons auszudrücken: Ihre geistige Einstellung wird das Selbstgespräch der liebevollen und schauenden Seele sein. Denn das Gebet ist das beschauliche Nachdenken über die Wahrheiten Gottes vom höchsten Standpunkt aus. Sie erkennen den unendlichen Geist in Ihrem Innern an und wissen, dass Sie eine Antwort erhalten werden, wenn Sie ihn um etwas bitten. Er antwortet jedem Menschen. Rufen Sie ihn um Hilfe an, und er wird reagieren. Er macht keine Unterschiede. Er weiß nichts von Judaismus, Christentum, Islam, Buddhismus, Shintoismus oder irgendwelchen anderen Glaubensbekenntnissen.

Gott handelt ohne Ansehen der Person. Die Liebe gehört allen. Das Gesetz ist immer unpersönlich. Das trifft auf jedes Gesetz zu. Darüber hinaus erkennen Sie an, dass die göttliche Macht eins und unteilbar ist. So weisen Sie Ihre Ängste und falschen Überzeugungen zurück. Egal, welche Ängste, Enttäuschungen, irrigen Vorstellungen Eingang fanden in Ihr Unterbewusstsein – sie können getilgt und daraus verbannt werden, eben weil Sie mutig beanspruchen, dass der unendliche Ozean des Lebens, der Liebe, der Wahrheit und der Schönheit jenes ausfüllt, reinigt, heilt und Ihr Wesen dem göttlichen Muster der Harmonie, Ganzheit und Friedlichkeit angleicht. Das ist ungefähr so, als würden Sie destilliertes Wasser in eine Flasche mit verschmutztem Wasser gießen. Nach einer Weile wird der letzte Tropfen Schmutzwasser verschwunden sein. Genau darum geht es im Gebet, wenn Sie Ihren Geist mit göttlichen Wahrheiten ausfüllen und alles aus ihm verdrängen, was Gott unähnlich ist.

Sobald Sie die Oberhoheit der höchsten heilsamen Macht und schöpferischen Kraft in Ihrem Innern anerkennen, haben Sie den Herrn zum Hirten, wird Ihre Seele wieder gesund.

»Er führet mich auf rechter Straße um seines Namens willen.« Gehen Sie in sich. Schließen Sie die Augen. Kommen Sie ganz zur Ruhe. Und bekräftigen Sie sanft, dass die Weisheit Gottes Ihren Verstand salbt und stets eine Lampe ist, die den Weg beleuchtet. Erheben Sie Anspruch darauf, dass die göttliche Liebe Ihnen voraus geht und den Weg ebnet, um Sie mit Freude, Glück und Wohlstand zu segnen. Wenden Sie sich jederzeit der unendlichen Gegenwart zu, denken, sprechen, agieren und reagieren Sie aus der Perspektive des inneren göttlichen Zentrums. Begreifen, verstehen, fühlen und fordern Sie, dass der unendliche Geist Ihr Lenker, Berater, Chef und Seniorpartner ist und dass Sie in allen Situationen vom göttlichen Handeln geleitet werden. Bestätigen Sie unverzagt: »Von jetzt an denke ich richtig, weil ich aus der Perspektive der ewigen Wahrheiten und Grundsätze des Lebens denke. Ich fühle und tue das Richtige. All meine Tätigkeiten sind in Einklang mit den unvergänglichen Prinzipen des göttlichen Gesetzes und der göttlichen Ordnung, dem ersten Gesetz des Himmels. Ich weiß, dass der Name des Unendlichen auf dessen Natur verweist, also auf die Tatsache, dass Gottes Gegenwart gleichbedeutend ist mit dem ewig lebendigen, allmächtigen, allwissenden Einen, der keine Grenzen hat und fortwährend sich selbst erneuert. Außerdem ist Er das allumfassende Handeln des Unendlichen. Ich weiß, dass der Unendliche und Seine Liebe mein ganzes Wesen durchdringen; was immer ich in Angriff nehme, wird gelingen.«

Machen Sie sich also bewusst, dass der Unendliche, der Eine und Einzige, Ihnen ebenso innewohnt wie jedem anderen Menschen. Er ist älter als Nacht und Tag, jünger als das Neugeborene, heller als Licht, dunkler als Finsternis, jenseits aller Geschöpfe und Dinge und doch im Herzen eines jeden. Aus dieser einen Gegenwart, dieser einen Macht geht die gesamte leuchtende Welt hervor. Folglich ist sie mit Ihnen identisch. Auch Sie kommen aus dem Unendlichen.

In den Upanishaden, den mystischen Lehren der Hindus, heißt es: »Gott denkt und die Welt erscheint.«

Demnach entspringt die ganze Welt einem Gedanken des Einen, Schönen und Guten, was die moderne Wissenschaft letztlich bestätigt. Eine höchste Intelligenz schuf das Universum gemäß mathematischen Gesetzen, und deshalb können Astronomen zum Beispiel die Wiederkehr des Halleyschen Kometen auf die Sekunde genau voraussagen. Es ist ein göttlich geordnetes Universum, das Astronauten ermöglicht, aufgrund exakter Berechnungen die Erde zu verlassen, in den Weltraum zu fliegen und sich außerhalb des Raumschiffs zu bewegen. Sie sind beherrscht vom Glauben – nicht an einen Menschen oder personalen Gott, nicht an religiöse Bekenntnisse, Dogmen oder Kirchen, sondern an die schöpferischen Gesetze des Geistes und dessen unveränderliche, durch alle Zeiten hindurch gültige Prinzipien.

Ingenieure vertrauen ebenfalls auf die Prinzipien der Mathematik. Wenn sie Brücken bauen, passen sie ihre Gleichungen den universalen Prinzipien der Statik, der Erdkrümmung usw. an. Den Bauwerken liegen mathematische Berechnungen zugrunde. Piloten, die den Pazifik überqueren, wissen vielleicht nicht genau, wo sie sind, doch indem sie die Sterne anpeilen, bestimmen sie Standort, Längen- und Breitengrad. Ebenso können Sie, wenn Sie vom Weg abgekommen oder verwirrt sind, jenen großen Stern im Innern anpeilen, das ICH BIN, die Gegenwart Gottes, das indische »Om«. Der

Stern ist der allmächtige lebendige Geist. Treten Sie mit ihm in Kontakt. Er ist allwissend, denn er schuf die ganze Welt.

Begreifen Sie, dass allein die unendliche Intelligenz Sie führt und die Antwort kennt, um sie Ihnen zu offenbaren. Daher steht geschrieben: Ehe du rufst, werde ich antworten. Bevor Sie eine Bitte äußern, ist die Antwort schon da und wartet auf Sie, denn alles, was das Unendliche für Sie tut, bringt es durch Sie hervor. Es wirkt im kosmischen Maßstab, und Sie sind ein Individuum. Sie haben die Wahl, verfügen über Willensstärke, inneren Antrieb und Entschlusskraft. Es steht Ihnen frei, ein Mörder oder ein Heiliger zu werden. Sie müssen nicht gut und aufrichtig sein oder Liebe zum Ausdruck bringen. Sie sind nicht gezwungen, Erfolg zu haben oder sich nicht wie das Tier vom bloßen Instinkt leiten zu lassen. Sie haben die Freiheit der Wahl. Sie können sich für das Himmelreich Gottes in Ihrem Innern entscheiden, für die Harmonie, das richtige Handeln, welches dem Lebensprinzip entspricht. Sie können Schönheit, Liebe, Eingebung, Fülle und Sicherheit bejahen. Sie können, wenn Sie den Wunsch danach haben, aus der unendlichen Quelle Ihres Wesens schöpfen, aus jener unendlichen Gegenwart und Kraft, die allwissend ist.

Ihr Bewusstseinszustand ist der einzige Gott, den Sie kennen. Er zeigt an, wie Sie denken und fühlen, was

Sie glauben und innerlich befürworten. Es gibt in dieser Welt keine andere Ursache, Macht oder Substanz.

Wenn Sie also klug sind, beginnen Sie, an die Güte Gottes im Reich des Lebendigen, Seine Führung, Harmonie und Liebe zu glauben. Dann wird Ihnen klar, dass Ihre Schafe die wunderbaren, edlen und gottähnlichen Zustände sind, die Sie verwirklichen möchten. Und sie werden Ihnen folgen, während Sie immer mehr das Gefühl haben, jetzt so zu sein, wie Sie es ersehnen, und das zu tun, was Ihnen gefällt. Wenn Sie Sängerin sind, so sind Sie nun eine große Sängerin, weil Gott erhabene Kadenzen durch Sie erklingen lässt. Fahren Sie in dieser Richtung fort, wird Gott im Herzen alle Ihre Träume verwirklichen.

»Und ob ich schon wanderte um finstern Tal, fürchte ich kein Unglück, denn du bist bei mir …« Wohin Sie Ihre Schritte auch lenken – gehen Sie über die Erde im Bewusstsein des Friedens, der Liebe und des Wohlwollens gegenüber allen Menschen. Wenn Sie einen kranken Freund in der Klinik besuchen, so seien sie friedlich, liebevoll und wohlwollend gestimmt. Das ist eine wunderbare Art, einem Kranken beizustehen. Ihre gedankliche und geistige Ausstrahlung wird ihn beglücken. Und wenn Sie für ihn beten, dann identifizieren Sie sich nie mit Symptomen, Schmerzen, Leiden oder anderen körperlichen Zuständen. Erkennen Sie vielmehr, dass Gottes Gegenwart dort ist, wo der Kranke ist, und wie Lebenskraft, Ganzheit und Vollkommenheit des Unendlichen im geliebten Menschen Gestalt annehmen. Dann sehen Sie ihn so, wie er sein sollte – gesund, bei sich zu Hause, und nicht krank, bleich und schwach in der Klinik. Andernfalls verstärken Sie nur die Krankheit und infizieren damit auch Ihren eigenen Geist. Das macht überhaupt keinen Sinn.

Wenn Sie für die Ganzheit, Vollkommenheit, Ruhe und Harmonie des Kranken beten sowie dafür, dass die wundersame Heilkraft durch sein Inneres strömt, so stellen Sie ihn sich zu Hause voller Energie und Elan vor. Ihre Vorstellung muss mit Ihrer Gebetsformel übereinstimmen. Hier liegt der Grund, warum zahlreiche Menschen nicht wissen, wie sie beten sollen, und warum sie eher Schaden als Nutzen bringen. Sie identifizieren sich mit der Krankheit, dem Zustand, dem Tumor oder dergleichen. Oder sie betrachten die medizinischen Tabellen und Diagramme und sagen: »Es ist schrecklich; er hat keine Chance.« Das ist keine brauchbare Methode, um zu beten.

Ihre gedankliche und geistige Ausstrahlung kann den Kranken positiv beeinflussen, wenn Sie die richtige Einstellung haben. Geben Sie ihm eine Transfusion aus Glauben, Vertrauen und Liebe. Sagen Sie ihm, dass die wunderbare heilsame Kraft in seinem Innern ist; lassen Sie Wohlwollen, Liebe und Weisheit in ihn einströmen, damit er an die unendliche heilsame Gegenwart glaubt und ihr vertraut. Halten Sie sich an diese Vorgaben, wann immer Sie in eine Klinik gehen und einen kranken Menschen besuchen. Übermitteln Sie ihm Lebenskraft, Liebe und Schönheit.

Gott ist Leben, und dieses ist Ihr jetziges Leben. Folglich kann das Leben nicht sterben; das wäre absurd. Warum also über den Tod sprechen? Es gibt keinen Tod. Er ist bloß ein Schatten. Ein Schatten hat keine Wirklichkeit. Wie könnte das Leben sterben? Wie könnte Gott sterben? Gott wurde nie geboren und wird nie sterben. Weder kann Wasser Ihn durchnässen noch Feuer Ihn verbrennen noch Wind Ihn wegblasen. Er hat keinen Anfang, kein Ende. Er ist das Lebensprinzip in Ihrem Innern. Wie könnte das Leben im Namen des Himmels sterben? Das wäre widersinnig. Der so genannte Tod ist ein Eingang in die vierte Dimension des Lebens, und dorthin begeben Sie sich jeden Abend, wenn Sie einschlafen und die Leute in ihrer großen Unwissenheit Sie quasi als tot bezeichnen. Ihre Reise führt von Weisheit zu Weisheit, von Herrlichkeit zu Herrlichkeit, immer weiter, immer höher, zu Gott hin.

Es gibt keinen Tod. Sagen Sie etwa, wenn eine Glühbirne durchbrennt: »Das ist das Ende der Elektrizität«? Wechseln Sie die Glühbirne nicht einfach aus? Die Elektrizität ist. Sie bestand schon, ehe Moses, Elia, Jesus, Mohammed oder Buddha über die Erde wandelten. Genau so verhält es sich mit der Idee, dem Prinzip von Radio oder Fernsehen, von U-Booten oder Flugzeugen. Die Religionsstifter, Propheten und Weisen hätten diese Dinge benutzen können, aber das kam ihnen nicht in den Sinn. Sie hielten solche Erfindungen für unmöglich. Sie waren Menschen und wurden geboren wie wir alle. Vielleicht eigneten sich manche die Göttlichkeit mehr an als andere. Aber sie waren Kinder Gottes, wie auch wir es sind. Was sonst hätten sie sein können? Es gibt nur ein Leben, einen Geist. Wir alle sind Kinder des Einen. Deshalb sagen in jeder Weltreligion die Gläubigen: »Unser Vater«. Wir haben einen gemeinsamen Urahn, das Lebensprinzip.

Wenn Sie also den Menschen gegenüber Liebe, Frieden und Wohlwollen ausstrahlen, handeln Sie auch eigennützig: Sie segnen sich selbst. Wenn Sie jemandem weh tun, schaden Sie im Grunde Ihrer Person. Subjektiv sind wir alle eins; objektiv scheinen wir uns etwas voneinander zu unterscheiden – wie die Länder der Erde. Von oben betrachtet sind sie jeweils anders, aber unter der Oberfläche bilden sie ein einheitliches Ganzes. Tief im Ozean sind sie alle miteinander verbunden. In ähnlicher Weise sind wir alle subjektiv eins. Der Segen, den wir unserem Nächsten spenden, wird uns zuteil; die Verletzung, die wir ihm zufügen, schmerzt uns. Wenn Sie in Richtung Ihrer Arbeitskollegen, ja überhaupt aller Bürger dieses und jedes anderen Landes liebevolle, friedliche und wohlwollende Schwingungen aussenden, handeln Sie eigennützig, weil Sie sich selbst etwas Gutes tun.

Die Pracht der Menschheit hat kein Ende. Die innere Reise – ob Ihre eigene oder die des verstorbenen Menschen, den Sie lieben – geht unaufhörlich weiter, in immer höhere Regionen, auf Gott zu. Sie können morgen nicht weniger sein, als Sie heute sind. Das Leben verläuft nicht rückwärts, noch verharrt es im Gestern. Teilen Sie mir ehrlich mit: Wenn jemand bei einem Flugzeugunglück umkommt, steigen Sie dann in die Luft und sagen: »Hier ist er geboren« oder »Hier ist er gestorben«? Nein, das tun Sie natürlich nicht. Und wenn jemand bei einer Schiffskatastrophe sein Leben verliert, fahren Sie dann aufs Meer hinaus und sagen: »Hier ist er geboren, hier ist er gestorben«? Das alles sind Lügen. Sämtliche Gräber sind Lügen, denn nirgendwo ist jemand gestorben. Nirgendwo liegt jemand begraben. Meinen Sie etwa, Präsident Eisenhower oder Präsident Kennedy lägen irgendwo begraben? Welch absurder Gedanke! Es gibt keine Friedhöfe außer denen, die Sie in Ihrem Denken anlegen. Die irdischen Überreste mögen bestattet worden sein, aber die eigentliche Person lebt weiter.

Wenn ein Klavier den Flammen zum Opfer fällt, ist das dann das Ende der Musik? Die Musik ist einfach. Sie transzendiert alle Instrumente. Jeder besitzt unendlich viele Körper. Sie werden nie ohne Körper sein. In diesem Leben haben Sie einen davon. Ein weiser oder erleuchteter Mensch betritt nie einen Friedhof, eben weil dort niemand begraben liegt. Sokrates wurde von seinen Schülern gefragt: »Meister, wo sollen wir dich bestatten?« Er schaute sie an und erwiderte lachend: »Bestattet mich irgendwo, wenn ihr imstande seid, mich zu ergreifen.« Wie könnte man jemanden irgendwo begraben? Eine solche Dummheit entzieht sich jeder Beschreibung. Sie verfügen über unendlich viele Körper, Erscheinungsweisen Ihres Ätherkörpers in der vierten Dimension. Sie können unmöglich ohne Körper sein. Hier und jetzt haben Sie einen, und er macht eine Umwandlung durch, wird Erde und Gras, Hagel und Schnee. Doch niemand ist irgendwo bestattet worden. Wer zu einem Grab geht, identifiziert sich mit Mangel, Begrenzung, Stillstand und Leid, erschafft Friedhöfe im eigenen Denken und beschwört alle Arten von Krankheiten herauf. Tun Sie das niemals.

Schenken Sie die Liebe in Ihrem Herzen den geliebten Toten. Diese befinden sich genau dort, wo Sie sind – immer in Ihrer Nähe, getrennt nur durch eine unterschiedliche Frequenz. Mit anderen Worten: Wachen Sie auf! Sie haben einen zweiten Körper, hier und jetzt. Er ist feinstofflicher, vergeistigt und ermöglicht Ihnen, feste Materie zu durchqueren. Sie werden Ihren geliebten Toten begegnen, an Weisheit, Wahrheit und

Schönheit dazugewinnen. Der Fötus, dessen Leben im Mutterleib ausgelöscht wurde, wächst weiter und entfaltet sich – ein anmutiger Ton in der großen Symphonie der Schöpfung. Er wird ein schönes Mädchen oder ein hübscher Junge sein, wenn Sie ihn in der nächsten Dimension treffen, denn Leben ist Entwicklung, Neuheit, Ausdehnung. Eigentlich gehen Sie, wie ich schon sagte, jede Nacht dorthin, sobald Sie eingeschlafen sind.

Wenn Sie zum Beispiel Angst haben vor dem Tod, dem Leben danach, dem Tag des Jüngsten Gerichts und dergleichen, werden Sie von Unwissenheit, Einbildung und Irrglauben beherrscht. Denn Gott hat uns nicht den Geist der Angst gegeben, sondern den der Kraft, der Liebe und des gesunden Denkens. Biblisch gesprochen ist der Tod die Verleugnung der Wahrheit aus Unkenntnis. Das ist der einzige Tod, den es gibt. Wir sterben nur insofern, als wir uns von den eigenen Ängsten, von falschen Vorstellungen und Überzeugungen, von Glaubensbekenntnissen und Dogmen lossagen.

Jedes Gebet ist ein Tod. Sie müssen absterben lassen, was Sie sind, um so leben zu können, wie Sie es ersehnen. Sie müssen sich verabschieden vom Glauben an die Armut und in Ihrem Geist einen Gott des Reichtums und der Fülle zu neuem Leben erwecken. Die einzige Sünde ist Unwissenheit, und sie hat das ganze Elend und Leid der Welt zur Folge. Buddha erkannte dies schon vor zweieinhalb tausend Jahren. Er fragte Brahma (also das Urprinzip, die Weltseele, Gott) nach der Ursache all des Elends und Leidens in der Welt, woraufhin dieser erwiderte: Unwissenheit. Lehre den Menschen die Wahrheit und befreie sie – das war die Weisung, die Buddha erhielt.

»… dein Stecken und Stab trösten mich.« Moses wurde gefragt: »Was hast du da in der Hand?« Er antwortete: »Einen Stab«, warf ihn auf den Boden, und der Stab wurde zu einer Schlange, die sich gleitend fortbewegte. Kriechen auch Sie am Boden entlang? Oder erwecken Sie die Gottheit im Innern zu neuem Leben? Sind Sie zu der Einsicht gekommen: Mit Gott sein heißt in der Mehrheit sein? Ist Ihnen bewusst, dass Sie jetzt an das Unendliche denken können? Dass es zu Ihren Gunsten wirkt? Noch einmal: Kriechen Sie am Boden entlang, beherrscht von Ihren fünf Sinnen? In der Bibel heißt es: »Strecke deine Hand aus und erhasche sie (die Schlange) beim Schwanz.« (2. Mose 4, 4) Als Moses sie ergriff, wurde sie wieder zum Stab in seiner Hand. Mit diesem schlug er an den Felsen, und siehe da: Es strömte Wasser daraus hervor. Dann verschlang der Stab (in der Hand von Moses' Bruder Aaron) all die falschen Stäbe der Ägypter. (2. Mose 7, 12)

Der Stab ist die Macht und Weisheit Gottes. Wenn Sie diese Macht berühren, etwas von ihr erbitten, antwortet sie Ihnen, und all die Stäbe der Ägypter (Zeichen der Unwissenheit, der Angst und der falschen Überzeugungen) werden verschlungen. Demnach versinnbildlicht der Stab Ihre Autorität – sowie Ihre Fähigkeit, ihn zu benutzen.

Das meditative Nachdenken über die Allmacht und Allwissenheit der unendlichen Gegenwart versetzt Ihren Geist in einen Zustand der Ruhe und Passivität. Stellen Sie sich einen schönen, stillen See auf einem hoch gelegenen Plateau vor, der die himmlischen Lichter wie Sterne und Mond widerspiegelt. So werden auch Sie, wenn Ihr Geist ausgeglichen und empfänglich ist, die himmlischen Wahrheiten Gottes widerspiegeln. In einer derartigen Geistesverfassung erledigen Sie mühelos Ihre Aufgaben, weil Ihnen die göttliche Idee oder Lösung für ein Problem zu Bewusstsein kommt. Es ist die intuitive Stimme der unendlichen Gegenwart und Macht, die Sie unterweist.

Wenn der Gebirgssee jedoch aufgewühlt ist, spiegelt er nicht die Lichter des Himmels wider. Ihr Geist muss ruhig sein, dann erst stellt sich die Antwort ein. Beanspruchen Sie also, dass die unendliche Intelligenz Sie jetzt führt, und danken Sie für die Freude, die das beantwortete Gebet schenkt. Sein Stecken und Stab werden Sie trösten, denn geistiger Friede herrscht nur dann, wenn Sie wissen, wo die Kraft ihren Ursprung hat. Diese ist allmächtig, nichts in der Welt vermag sich ihr zu widersetzen. Wie könnten Sie Frieden finden, ohne der Kraft gewahr zu sein? Er geht einher mit Ihrer Entdeckung der unendlichen Gegenwart und Macht. Sie ist allmächtig. Sonst hätten die Werke keinen Sinn. Sonne, Mond und Sterne besitzen ebenso wenig Macht wie der Voodoo oder ähnliche Kulte. Die gegenteilige Auffassung zeugt von Unwissenheit; ein systematischer Denker verleiht nicht der Wirkung – dem Geschaffenen oder der Erscheinungswelt – höchste Macht, sondern der Ursache, dem Schöpfer.

»Du bereitest vor mir einen Tisch im Angesicht meiner Feinde.« Diese sind Ihre eigenen Gedanken, Ängste, Zweifel, Ressentiments, Ihr Selbsthass, Neid, böser Wille, Ihre Eifersucht und Wut. Dabei handelt es sich um echte Feinde, allerdings in Ihrem Geist. Sobald Ihnen ängstliche Gedanken kommen, verdrängen Sie sie durch den Glauben an Gott und an das Gute. Wenn Sie die Neigung zur Selbstkritik und zum Selbsthass haben, die zerstörerischsten aller mentalen und emotionalen Gifte, so benutzen Sie als Gegengift sofort die folgende tiefe Wahrheit: »Ich preise Gott in meiner Mitte, der die Macht hat zu heilen.«

Eine junge Frau machte falsche Aussagen über ihren Onkel, um so ein Testament anzufechten und einen Teil der ihm vererbten Geldsumme zu erhalten. Er war erbost und wehrte sich innerlich derart verzweifelt gegen die Anschuldigungen, dass er zu einem Nervenbündel wurde. Als er jedoch das eigene Verhalten näher in Augenschein nahm, beendete er den Kampf im Kopf und fing an, seinen Geist mit den tiefen Wahrheiten des Unendlichen zu nähren, was natürlich einer Meditation gleichkam. Meditieren heißt einfach, eine bestimmte Wahrheit in Betracht ziehen, gezielt darüber nachsinnen, sich dafür interessieren, davon fasziniert sein und sich darin versenken, sodass sie zu einem Teil von einem selbst wird. Nichts weiter. Dem haftet keinerlei Geheimnis an.

Allmählich richtete er seine Gedanken auf die wunderbaren Wahrheiten des Unendlichen. Er orientierte sich an Frieden, Harmonie und göttlichem Handeln, das nie fehlgeht. Es gibt ein Prinzip des richtigen Handelns, aber kein Prinzip des falschen Handelns. Der Mann erkannte, dass eine göttliche, von Harmonie geprägte Lösung existierte. Er hörte auf, der Nichte Macht zuzugestehen. Sie hatte keine Macht. Sie war nur beherrscht von Habsucht, Geiz und falschen Überzeugungen. Ihr Ansinnen war zum Scheitern verurteilt, und der Richter wies die Klage ab. Der Mann sah ein, dass ein unendliches Gesetz der Gerechtigkeit und der Wahrheit, der Liebe und der Harmonie waltet.

Ein eng befreundeter Arzt erzählte mir kürzlich, das große öffentliche Interesse, das zwei an Brustkrebs erkrankten Ehefrauen von prominenten Politikern in Washington zuteil geworden war, habe eine Welle der

Angst ausgelöst. Zahlreiche Frauen seien zu ihm in die Praxis geströmt, um sich ebenfalls auf Brustkrebs untersuchen zu lassen. Seiner Meinung nach schade die in den Medien entfachte »Propaganda« in Sachen Krebs, Tuberkulose, Herzkrankheiten usw. mehr als sie nütze, denn indem man eine Sache gedanklich bekämpfe, verstärke man sie nur. Und er wies darauf hin, dass die ständige Angst vor Krebs bei einigen dieser Frauen schließlich gerade das verursachen würde, was sie befürchten.

Besinnen Sie sich stattdessen auf Gesundheit, Harmonie und richtiges Handeln. Leben Sie in der Gewissheit von Gottes Liebe, Frieden, Ganzheit und Vollkommenheit. Dann werden Sie sich automatisch über die falschen Überzeugungen, Ängste und reißerischen Methoden des Massenbewusstseins hinwegsetzen.

In Indien benutzen viele Menschen ein Gebet, das den Kindern in spirituell ausgerichteten Familien beigebracht wird: »Ich bin völlig gesund. Brahma ist meine Gesundheit.« Das hinduistische Wort »Brahma« bedeutet, wie schon erwähnt, Urprinzip, Weltseele, Gott. Wenn sich das Kind diese Botschaft immer wieder vorsingt, wird sie ihm zur Gewohnheit. Da es äußerst empfänglich und formbar ist, entwickelt es eine enorme Widerstandskraft gegen Krankheit und Leiden. Man trichtert ihm nicht ein, dass es sich in der kalten Nachtluft eine Lungenentzündung hole, dass Gott es bestrafen werde, dass es ungezogen sei, Masern und Keuchhusten bekomme und überhaupt nie etwas zustande bringe. All das wird heute manchen Kindern mit auf den Weg gegeben. Sie sind wie kleine Tiere. Ihre Kinder entwickeln sich gemäß den Vorstellungen, die das häusliche Klima prägen. Bringen Sie ihnen daher die Goldene Regel und das Gesetz der Liebe bei. Halten Sie sie dazu an, die Göttlichkeit in ihrem Innern zu respektieren, ebenso wie den Lehrer oder den Polizisten, dann werden sie auch ihren Vater und ihre Mutter respektieren. Machen Sie sich bewusst, dass es in Gottes Universum nichts zu befürchten gibt. Überwinden Sie Ihre Unwissenheit. Gestehen Sie nicht mehr der Wirkung, dem geschaffenen Ding Macht zu, sondern der Ursache, dem Schöpfer. Das ganze Universum ist für Sie; nichts ist gegen Sie.

»Du salbest mein Haupt mit Öl ...« Das Öl ist ein Symbol der Heilung, des Lichts, der Lobpreisung und der Danksagung. Das heißt, die unendliche heilsame Gegenwart wirkt jetzt zu Ihren Gunsten, und die Weisheit Gottes salbt Ihren Verstand. Sie sind gesegnet mit göttlicher Liebe. Sie haben in Ihrem Herzen die Freude verankert. Gott hat Sie mit dem Öl der Freude gesalbt.

Eine der wunderbarsten Methoden, auf das Gebet eine Antwort zu erhalten, besteht darin, dass man sich dem Unendlichen in der Stille der Seele zuwendet.

Besänftigen Sie sich immer wieder mit den Worten: »Danke, Vater«, bis Sie das Gefühl von Dankbarkeit empfinden. Sie überzeugen das Unendliche nicht durch Betteln oder Flehen; doch durch eine dankbare Einstellung erheben Sie sich geistig bis zu dem Punkt, an dem Sie alles bereitwillig akzeptieren; dann werden Ihnen nach und nach die guten Dinge des Lebens zuteil.

Sie danken dem Unendlichen für die Antwort auf Ihr Gebet. Damit bewirken Sie, dass die Dankbarkeit in die Tiefe Ihres Wesens sinkt und zur Bejahung wird. Sie erschaffen weder Harmonie, Frieden, Liebe oder Schönheit noch sonst irgendetwas. All das existiert bereits, und Gott wandelt sich niemals – ob Sie nun Jude, Katholik, Protestant, Moslem oder Hindu sind oder sonst einer Konfession beziehungsweise Sekte angehören. Vom Gegenteil auszugehen, wäre völliger Unsinn. Sie steigen auf zu der Wahrheit Gottes. In dem Maße, in dem Sie diese für sich beanspruchen und daran glauben, wird Ihr Gebet beantwortet. Aber Sie ändern nicht Gott, indem Sie beten. Eine solche Auffassung beruhte nur auf Aberglaube und Dummheit.

»... und schenkest mir voll ein.« Der Becher, auf den hier angespielt wird, ist ein Symbol Ihres Herzens, das Sie durch meditative Betrachtung mit den großartigen Wahrheiten Gottes anfüllen können. Wenn Sie über die Schönheit, die Pracht und die Wunder des Unendlichen nachsinnen, entsteht zwangsläufig ein

Gefühl von Liebe, Frieden und Freude, das Ihr Herz in Hochstimmung und Begeisterung versetzt. Dann sind Sie imstande, jenen Becher weiterzureichen und zu den anderen zu sagen: »Trinkt alle davon!« Trinkt von der Liebe, der Weisheit, der Kraft und der Schönheit. Aber wie könnten Sie selbst aus dem Becher trinken, wenn er gar nicht in Ihrem Besitz ist? Sie können nicht geben, was Sie nicht haben.

Der Becher versinnbildlicht also Ihr Herz. Es handelt sich nicht um eine feine Teetasse oder ein antikes Gefäß im British Museum, sondern um eine Metapher, einen mystischen Becher. Er gehört jedem von uns. Sobald Sie Ihre Seele mit Liebe erfüllen, wird Ihnen bewusst, dass Sie gegenüber allen Menschen positive Schwingungen aussenden, die von Herzlichkeit, Milde und Wohlwollen zeugen. Ihr Unterbewusstsein verstärkt in hohem Grade das, was Sie ihm einprägen. Folglich merken Sie schon bald, wie der Duft des Unendlichen das Gute in Ihrem Innern geradezu überwältigt, wachrüttelt und überströmen lässt. Dann stellen Sie fest, dass Gottes Liebe alles Negative in Ihrem Unterbewusstsein aufgelöst hat und dass Sie so frei sind wie der Wind. Gutes und Barmherzigkeit werden Ihnen ein Leben lang folgen, eben weil Sie für immer im Haus des Herrn wohnen.

Während Sie fortfahren, über diese Wahrheiten nachzudenken und sie in sich aufzunehmen, gelangen

Sie zu der Einsicht, dass alles zusammenwirkt um des Guten willen. Die göttliche Liebe geht Ihnen voraus, erfreut und beglückt Sie auf Ihrem Weg. Harmonie, Frieden und Wonne des Herrn dringen in Ihr Leben, wodurch Sie die eigenen Talente auf höchstem Niveau zum Ausdruck bringen können. Sie machen die Entdeckung, dass Sie so werden, wie Sie es sich in geistiger Versenkung vorgestellt haben. Meditierend spüren Sie, dass alle Ihre Wege angenehm und alle Ihre Gedanken friedlich sind.

»... und ich werde bleiben im Hause des Herrn immerdar.« Sie sind jetzt ein Tempel des lebendigen Gottes. Sie wohnen in Gott, im Himmel, denn dieser ist die unendliche Intelligenz, in der Sie leben, sich bewegen und Ihr Sein haben. Das versteht sogar ein siebenjähriges Kind. Gott wohnt in Ihnen, spricht und geht dort. Sie bewohnen das Haus, das Ihr Geist ist, wenn Sie sich jeden Tag regelmäßig und nachdrücklich bewusst machen, dass der unendliche Geist Ihr Lenker und Berater ist, dass Sie ständig Eingebungen von oben empfangen. Sie betrachten Gott als Ihren Vater, gleichsam als Ihre Vorratsquelle. Sie wissen, dass Ihnen nie etwas Gutes fehlen wird, denn Er liebt und umsorgt Sie.

Das Zelt Gottes beschirmt die Menschheit. Er selbst wohnt bei ihr, und sie ist Sein Volk. Jetzt sind Sie im Göttlichen verwurzelt, zu Hause bei Gott. Er gibt Ihnen Ruhe und Sicherheit. Sie sind entspannt, ausgeglichen, völlig frei von Angst. Denn wo Sie sind, ist auch Gott; Sie bleiben für immer bei Ihm. Sie steigen die Himmelsleiter hinauf, die kein Ende hat. Jeden Abend legen Sie sich schlafen mit dem Lobpreis Gottes auf den Lippen, und Ihre Reise geht unaufhörlich weiter, führt stetig nach oben, zu Gott hin: von der einen Oktave zur nächsten, von dieser Weisheit zu jener, von einer Kraft, Schönheit und Herrlichkeit zu noch großartigerer Kraft, Schönheit und Herrlichkeit, denn die Herrlichkeit, die jetzt und für alle Zeit die Ihre ist, endet niemals.

Zusammenfassung

* Im beschaulichen Nachdenken prägen Sie Ihr Schicksal. Sie denken ständig nach. Ihre Vorstellungen und Gefühle bestimmen über Ihr Schicksal. Diese Art der Meditation ist so wirklich und natürlich wie die Nahrungsaufnahme, Verdauung und Atmung.

* Meditieren Sie über alles, was wahr, liebevoll, edel und gottähnlich ist. Das heißt, nehmen Sie diese Wahrheiten in sich auf, sinnen Sie darüber nach, schenken Sie ihnen Beachtung, konzentrieren Sie sich.

* Gott ist der lebendige Geist in Ihrem Innern, die höchste Intelligenz, das Lebensprinzip. Wenn Sie sich diese höchste Intelligenz zum Lenker und Berater wählen, wird es Ihnen an nichts Gutem fehlen.

* Der Bibel zufolge ist der Hirte ein Symbol der leitenden, heilsamen, schützenden Kraft der göttlichen Gegenwart, die Ihnen innewohnt. Sie sind ein guter Hirte, wenn Sie glauben und wissen, dass Gott oder die höchste Intelligenz die einzige Gegenwart und Macht, Ursache und Substanz im Innern ist.

* Schließen Sie die Augen. Kommen Sie ganz zur Ruhe. Und bekräftigen Sie sanft, dass die Weisheit Gottes Ihren Verstand salbt und stets eine Lampe ist, die den Weg beleuchtet. Wenden Sie sich jederzeit der unendlichen Gegenwart zu, denken, sprechen, agieren und reagieren Sie aus der Perspektive des inneren göttlichen Zentrums. Begreifen, verstehen, fühlen und fordern Sie, dass der unendliche Geist Ihr Lenker, Berater, Chef und Seniorpartner ist und dass Sie in allen Situationen vom göttlichen Handeln geleitet werden.

* Wenn Sie Angst haben vor dem Tod, dem Leben danach, dem Tag des Jüngsten Gerichts und dergleichen, werden Sie von Unwissenheit, Einbildung und

Irrglauben beherrscht. Denn Gott hat uns nicht den Geist der Angst gegeben, sondern den der Kraft, der Liebe und des gesunden Denkens. Biblisch gesprochen ist der Tod die Verleugnung der Wahrheit aus Unkenntnis. Das ist der einzige Tod, den es gibt.

* Das Zelt Gottes beschirmt die Menschheit. Er selbst wohnt bei ihr, und sie ist Sein Volk. Jetzt sind Sie im Göttlichen verwurzelt, zu Hause bei Gott. Er gibt Ihnen Ruhe und Sicherheit. Sie sind entspannt, ausgeglichen, völlig frei von Angst. Denn wo Sie sind, ist auch Gott; Sie bleiben für immer bei Ihm.

8. Kapitel

In der göttlichen Gegenwart leben (Der 139. Psalm)

Konfrontiert mit Angst und Sorge, wenden sich viele Menschen dem Psalter zu, um Trost und Unterweisung zu finden. Jeder der 150 Psalmen hilft und inspiriert uns in Zeiten der Not und der Qual. In diesem Kapitel möchte ich mich insbesondere dem 139. Psalm widmen, der uns ebenfalls anleiten kann, mit den Problemen des Lebens besser fertig zu werden, und manchmal als »Bibel im Kleinen« bezeichnet wird. Da er lang ist, sei im Folgenden eine gekürzte Fassung mit den wesentlichen Punkten wiedergegeben.

»Herr, du erforschest mich und kennest mich … du verstehst meine Gedanken von ferne. Ich gehe oder liege, so bist du um mich und siehst alle meine Wege. Denn siehe, es ist kein Wort auf meiner Zunge, das du, Herr, nicht schon wüsstest …

Wohin soll ich gehen vor deinem Geist, und wohin soll ich fliehen vor deinem Angesicht? Führe ich gen Himmel, so bist du da; bettete ich mich bei den Toten, siehe, so bist du auch da. Nähme ich Flügel der Morgenröte und bliebe am äußersten Meer, so würde auch dort deine Hand mich führen und deine Rechte mich halten. Spräche ich: Finsternis möge mich decken und Nacht statt Licht um mich sein –, so wäre auch Finsternis nicht finster bei dir, und die Nacht leuchtete wie der Tag. Finsternis ist wie das Licht.

Denn du hast meine Nieren bereitet und hast mich gebildet im Mutterleibe. Ich danke dir dafür, dass ich wunderbar gemacht bin; wunderbar sind deine Werke; das erkennt meine Seele. Es ward dir mein Gebein nicht verborgen, als ich im Verborgenen gemacht wurde, als ich gebildet wurde unten in der Erde. Deine Augen sahen mich, als ich noch nicht bereitet war, und alle Tage waren in dein Buch geschrieben, die noch werden sollten und von denen keiner da war …

Erforsche mich, Gott, und erkenne mein Herz … Und sieh, ob ich auf bösem Wege bin, und leite mich auf ewigem Wege.«

Es verwundert nicht, dass dieses inspirierte Gebet als die »Krone aller Psalmen« beschrieben wurde. In der jüdisch-christlichen Bibel wie auch in fast allen anderen heiligen Schriften ist die Krone das Symbol unserer Göttlichkeit, unseres königlichen und schöpferischen Wesens.

Psychologisch gesehen, charakterisiert und offenbart sie unsere angeborene Fähigkeit, all das, was wir in unserem Leben für verkehrt oder unrechtmäßig halten, durch die Kraft der schöpferischen Gegenwart im Innern zu berichtigen und zu ändern. Es ist diese schöpferische Gegenwart des Herrn, die immerzu auf die »Gedanken unseres Geistes, die Betrachtungen unseres Herzens« (womit wir das Unterbewusstsein meinen) antwortet.

Der Ausdruck »Krone aller Psalmen« stammt von Aben Esra, einem Rabbiner im spanischen Toledo des 12. Jahrhunderts. Er war ein gelehrter Mann, Verfasser zahlreicher Bücher über Mathematik, Astronomie, Medizin und Philosophie, zudem ein berühmter Dichter. Am bekanntesten sind jedoch seine Bibelkommentare. (Jene unter Ihnen, die den englischen Dichter Robert Browning schätzen, werden wissen, dass Aben Esra als Inspirationsquelle für dessen Werk Rabbi Ben Ezra diente.)

Aben Esra hielt den 139. Psalm deshalb für die »Krone aller Psalmen«, weil dieser gewissermaßen eine Bibel (oder ein Buch) im Kleinen ist. In einigen der inspiriertesten und erhabensten Passagen der Heiligen Schrift bekunden jene äußerst ergreifenden Verse die vier wesentlichen Voraussetzungen für ein ausgeprägteres Bewusstsein und tieferes Verständnis unserer Persönlichkeit sowie der Rolle, die wir im Leben innehaben. (Das heißt, sie vermitteln uns die Erkenntnis, dass es vier grundlegende Wahrheiten gibt, die wir begreifen müssen, um die Krone der Weisheit jetzt annehmen und tragen zu können und schon heute ein angenehmeres Leben zu führen, anstatt es in eine unbestimmte und ungewisse Zukunft zu verschieben.)

Außerdem geht es darum, dass wir lernen, im Augenblick zu leben, und uns die Gegenwart eines liebenden, intelligenten Gottes deutlich machen. Zusammengefasst lauten die vier Wahrheiten wie folgt:

1) Wir müssen Gott als eine Gegenwart akzeptieren, die allumfassend und überall gleichzeitig ist. 2) Aufgrund Seiner Allgegenwart wohnt Er auch uns inne. Wir sind Teil dieser Allgegenwart. Gott ist Liebe und behandelt uns als geliebte Wesen. 3) Die Gegenwart ist allwissend: Gott weiß alles, sieht alles und vergibt uns, eben weil Er Liebe ist. 4) Der Psalmist macht uns mit einer Methode vertraut, die genannten Wahrheiten im Leben anzuwenden und dadurch den Zustand von Geist und Körper sowie die Beziehung zwischen beiden zu verbessern, zu heilen und ins Gleichgewicht zu bringen.

Der 139. Psalm ist tatsächlich die Bibel im Kleinen. Er stellt die tiefschürfendste, eindringlichste Frage des Alten Testaments: »Wohin soll ich gehen vor deinem Geist, und wohin soll ich fliehen vor deinem Angesicht?« Sie legt uns nahe, dass die schöpferische Gegenwart weitaus umfassender ist, als es uns mitgeteilt oder beigebracht wurde; dass sie den ganzen Raum und alles, was darin enthalten ist, durchdringt, also auch uns; dass wir unser Denken ausdehnen und unsere grundlegenden Vorstellungen und Auffassungen vom Wesen des Seins, von Gott, erweitern müssen.

Der Psalmist erklärt: »Führe ich gen Himmel, so bist du da; bettete ich mich bei den Toten, siehe, so bist du auch da.« Meint er damit einen Ort irgendwo im Firmament oder ein bestimmtes Bett? Natürlich nicht. Moderne Exegeten der Bibel nehmen deren Aussagen nicht mehr wörtlich. Inzwischen wissen wir, dass die biblischen Worte Metaphern für tiefere Gedanken sind.

Hier wird über die Allgegenwart Gottes gesprochen; das heißt, dass sie auch Ihnen innewohnen muss. Sie ist Ihr wahres Leben. Ständig wartet sie darauf, dass Sie sie anrufen. Ungeachtet dessen, unter welchen Zwängen Sie zu leiden haben, wird diese Gegenwart und Macht als Gnade antworten, um Ihre Seele zu besänftigen und zu heilen.

Himmel und Hölle (auf welche die Toten verweisen) stellen Bewusstseinszustände dar. Der Himmel ist der friedliche Geist, die Bereitschaft, sich zu verzeihen. In der biblischen Symbolik deutet das Bett einen Zustand der Ruhe, der Entspannung an, wenn Chaos, Aufruhr und Zwietracht der Welt im Schlaf verschwinden. Wir »ruhen in Gott«, beschützt und sicher, sobald wir diese Eigenschaften der Allgegenwart beanspruchen.

Die Wendung »bettete ich mich bei den Toten« bezieht sich auf einen Zustand der Bewegungslosigkeit, der Unfähigkeit, im Leben voranzukommen, im Wahrnehmungs- oder Urteilsvermögen irgendwelche Fortschritte zu erzielen; auf das inständige Gebet, das nicht beantwortet wird. Das Bett ist eine gar nicht so hintergründige Anspielung auf das Prinzip und den schöpferischen Akt unseres Geistes – auf die Macht unserer Überzeugungen, Vorstellungen, Ansichten sowie der damit verbundenen Gefühle. Es steht für die Vereinigung oder Verschmelzung von männlichem Intellekt und weiblichem Gefühl in unserem Innern, aus der dann die äußeren Bedingungen, Umstände und Ereignisse hervorgehen. Unser Wunder und unsere Freiheit besteht im Wissen, dass wir selbst dieses Bett »machen«.

Der Psalmist ist aufrichtig und verantwortungsbewusst. Er offenbart seine weise Einsicht in das schöpferische Prinzip. Die Formulierung »Führe ich gen Himmel« besagt: Ich vollende, steige empor im Bewusstsein der Allgegenwart, ich erhebe mich zum Himmel meines friedlichen Geistes. (Unser höchstes Ziel: der geistige Friede, der sich einstellt, wenn unsere Bemühungen um das Gebet und die darin enthaltenen Vorstellungen zu greifbaren Ergebnissen führen.)

Ich habe jedoch auch die Freiheit, mich bei den Toten zu betten. Ich allein schaffe oder verursache den begrenzten Zustand in meiner persönlichen Welt. Jedenfalls bleibt die liebevolle, intelligente und allwissende Gegenwart immer gleich: Sie lebt ewiglich und sorgt für uns.

In jedem Augenblick und an jedem Ort bringt die Gegenwart ungeachtet unserer jeweiligen Erfahrungen genau das hervor, was wir für wahr halten und als richtig empfinden. Unser momentanes Leben ist das Zeugnis dieser wunderbaren Gegenwart, dieses unfehlbaren Prinzips. Überall und zu jeder Zeit können wir aufgerufen werden: »Erhebe dich. Richte dein Bett, schreite voran im Licht der göttlichen Liebe und gib Acht auf dich.«

Zweck und Funktion von Gebet, Meditation und Kontemplation bestehen darin, den Geist zu reinigen und dessen Inhalte ebenso wie die des Herzens unserer bewussten Leitung unterzuordnen, die gewohnten Denkmuster und Denkprozesse zu ändern – kurzum: Geist und Herz zu Schülern zu machen. Die Kontemplation ist ein konzentriert-beschauliches Nachdenken aufgrund bestimmter Muster. Das fällt uns nur so lange schwer, wie wir uns dagegen sträuben.

Bald schon stellen wir fest, dass wir auf konstruktivere Denkmuster anders reagieren. Wir werden empfänglicher für Heilung und Wohlwollen, entwickeln vorteilhaftere und friedlichere Einstellungen. Wir reagieren bereitwilliger und intelligenter auf die Situation, in der wir uns gerade befinden. Führe ich gen Himmel … bettete ich mich bei den Toten …

Ergründen Sie die umwälzenden Wahrheiten, die der Psalmist anbietet. »Ich« ist das Symbol der Gegenwart im Innern, der Liebe, der Intelligenz und der Weisheit. Als Moses Gott nach dessen Namen fragte, antwortete Er: »ICH BIN.« Es ist kein Zufall, dass der lateinische Buchstabe »I« und die römische Ziffer »I« ein und dasselbe sind.

Achten Sie darauf, was Sie nach dem Personalpronomen »Ich« äußern. Sie geben Ihre Vorstellung von sich und von Gott bekannt. Sagen Sie nicht (nicht einmal zu sich selbst): »Ich bin arm« oder »Ich bin einsam« oder »Ich bin nicht gut.« Wenn Sie sich so fühlen, werden Sie auch so sein. Verwandeln Sie diese negativen Gefühle und Reaktionen in positive. Sagen Sie: »ICH BIN gut«; »ICH BIN gesund«; »ICH BIN gesegnet.«

Der Psalmist macht endgültig Schluss mit dem Glauben und der Annäherung an eine anthropomorphe Gottheit – an einen Gott nach dem Bild des Menschen, ein übermächtiges Wesen, das dennoch menschliche Züge trägt. Dieses Ähnlichkeitsverhältnis hat zwangsläufig zur Folge, dass wir in unserem Bewusstsein einen Gott »inthronisieren«, der von uns getrennt, irgendwo außerhalb ist. Ein launenhaftes, veränderliches Geschöpf, das gemäß einem unergründlichen Plan oder Zweck Belohnungen und Strafen austeilt.

Gerade dieser Glaube ist die erste Ursache unserer Probleme. Offenbar sind wir mit zahlreichen, äußerst schwierigen Problemen, ständigen Leiden, Mängeln und Begrenzungen konfrontiert, die uns regelrecht aufzehren – eben weil wir, nach dem Sprachgebrauch des Psalmisten, uns bei den Toten gebettet haben. Doch wenn wir jetzt, wie er andeutet, geistig reif sind, so wird uns bewusst, dass wir im Grunde nur die gleichen inneren und äußeren Zustände in leicht abgewandelter Form wiederholen.

Wir leben, denken, handeln abseits und getrennt von unserem wahren Selbst. Wir sondern uns ab von der Quelle all dessen, was man sich vorstellen kann, von dem Heiligen oder Einen, dem universalen Schöpfer – und auch von unserem eigenen Innern. Diese Abspaltung gibt uns das Gefühl, eine verlorene Seele zu sein.

Wie könnten wir uns je außerhalb des heiligen Einen befinden? Das ist mathematisch unmöglich. Zwei Unendlichkeiten ergäben einen Widerspruch, sie würden einander aufheben. Die grundlegende geistige Voraussetzung des Lebens liegt in den biblischen Worten: »Höre … der Herr, dein Gott, ist Einer.«

Alles Übrige ist Ausführung oder Kommentar über diese allumfassende und tiefste aller Wahrheiten. Haben Sie das Herz oder den Mut, an einen liebenden, allwissenden Gott zu glauben, der sich wünscht, dass Sie wesentlich mehr wissen und empfangen, als Sie durch Ihn zu wissen und zu empfangen hoffen.

Unsere Beziehung zu Gott beruht auf Wechselseitigkeit und ist zutiefst gut. In diesem Zusammenhang ist es durchaus von Interesse, dass in nicht weniger als 27 Sprachen die Begriffe »gut« und »Gott« synonym sind. Verfallen Sie nicht mehr dem Irrglauben an eine strafende, widerstrebende, nachlässige göttliche Gegenwart, dann werden Sie Ihrem Leben allmählich einen völlig neuen Ausdruck verleihen und ganz andere Erfahrungen machen.

Ein Mann, der mein Buch The Power of Your Subconscious Mind (Die Macht Ihres Unterbewusstseins) gelesen hatte, bemerkte mir gegenüber, das Ganze sei zwar sehr plausibel, doch bei der Anwendung der darin zum Ausdruck gebrachten Wahrheiten habe er seinen Sinn für Gott verloren. Es gibt keine »Zufälle« im göttlichen Geist (ein Ausdruck, den frühe Mystiker für die allgegenwärtige Intelligenz benutzten). Jener Mann hatte das Buch einfach nicht richtig »begriffen«. Offenbar war er auf der Suche nach einer höheren Einsicht gewesen. Er fuhr fort: »Jetzt kommt es mir so vor, als hätte ich keinen Gott, sondern bloß ein kaltes, gefühlloses Prinzip.«

Was kann man jemandem in dieser Gemütsverfassung anbieten? Ich denke, die freundlichste Gabe ist der Hinweis, dass es sich hierbei um eine »normale« Übergangsphase handelt. Diese erleben wir tatsächlich. Wir sind weder im Himmel noch in der Hölle, sondern eher in einer Art Vorhölle. Weder hier noch dort, weder Fisch noch Fleisch.

Wir scheinen außer Stande zu sein, im weiten Meer des Lebens zu schwimmen oder adlergleich in höhere Regionen aufzusteigen. Das ist durchaus in Ordnung und wird vom allwissenden Geist des Unendlichen auch verstanden. Jedenfalls besteht meine persönliche Absicht nicht darin, den Glauben eines Menschen auszuhöhlen oder gar zu ruinieren, sondern darin, ihm ein tieferes Verständnis zu vermitteln. Ich will nicht zerstören, sondern das universale Gesetz einhalten.

Meiner festen Überzeugung nach lautet der liebenswürdigste und klügste Vorschlag: Bleiben Sie bei Ihrer Religion, beachten Sie die Dogmen und vollziehen Sie die Rituale; doch bitten Sie auch weiterhin um Verstehen, Weisheit und Führung. Setzen Sie Ihre Suche mit Geduld und Nachsicht fort, um fündig zu werden.

Bald werden Sie merken, dass im göttlichen Geist alle Aspekte oder Eigenschaften der Liebe, der Intelligenz, der Geduld und der Unterweisung vorhanden sind. Diese heilen das Gefühl, von der Quelle des Lebens und der Sehnsucht getrennt zu sein, denn schließlich kennen wir einen liebevollen und fürsorglichen Vater. Außerdem sind sie identisch mit den Wahrheiten des 139. Psalms, die unser inneres Gleichgewicht wiederherstellen. Es ist schwierig, wenn nicht unmöglich, derartige Wahrheiten von uns abzutrennen, um sie in ausgeklügelter Weise zu erörtern.

Wir lesen: »Herr, du erforschest mich und kennest mich ... du verstehst meine Gedanken von ferne. Ich gehe oder liege, so bist du um mich und siehst alle meine Wege ... Erforsche mich, Gott, und erkenne mein Herz ... Und sieh, ob ich auf bösem Wege bin und leite mich auf ewigem Wege.«

Wenn je ein Wort deutlicher erklärt werden muss, dann dieses »böse«. Zu vielen Menschen wurde in Kindheit und Jugend immer wieder eingetrichtert, sie seien von Grund auf schlecht oder böse. Das ist die unmittelbare Folge einer falschen Bibelauslegung, eines Missverständnisses, das darauf beruht, dass wir es mit einer Übersetzung aus dem hebräischen und griechischen Urtext zu tun haben.

Das englische Wort »wicked« (böse) verweist seit dem frühen 17. Jahrhundert, als die Bibel unter Federführung von König Jakob I. (King James) ins Englische übersetzt wurde, auf eine üble Gesinnung, eine verdorbene oder verabscheuenswerte Einstellung zu anderen oder zu einem selbst. König Jakob I. beauftragte zahlreiche qualifizierte Gelehrte mit der Übersetzung, aber wie Sie sicherlich wissen, verfehlt eine solche häufig den ursprünglichen Sinn oder die eigentliche Absicht des Originals.

Das englisch-hebräische Wörterbuch umschreibt

»wicked« als Vorstellung, die Kummer oder Unglück verursacht. Das heißt, dass man selbst betrübt und sorgenvoll ist oder jemand anderen verletzt und leiden macht. Jedenfalls beinhaltet der Ausdruck ein seelisches Unbehagen. Wenn Sie also feststellen, dass Sie in einem derartigen Zustand sind, so ist das ein Zeichen, das eigene Denken neu auszurichten und sich erneut mit dem Angenehmen und Guten zu identifizieren. »Gott in meinem Innern weiß, wie dieser Zustand zu verbessern ist.«

Es übersteigt unsere Vorstellungskraft, wie wir ohne jede Bösartigkeit, ohne Sünde (die lediglich einen falschen Einsatz unserer Fähigkeiten darstellt) vollkommen sein sollen. »Nur Einer ist vollkommen, Gott.« Uns ist zwar nicht gegeben, keine Sünde zu begehen, doch haben wir die innere Pflicht (und können diese auch mühelos erfüllen), aufrichtig zu sein ohne Arglist, ohne heimliche und unheilvolle Motive.

Sie sind von Natur aus gut – ein Kind Gottes. Nehmen und erkennen Sie Ihr königliches und göttliches Erbe an! Wagen Sie zu glauben, dass Sie ein Kind des Königs aller Könige sind. Beschreiten Sie den Königsweg. Alles gehört Ihnen!

Wer Gott als einen liebevollen Vater versteht, findet in den zitierten Worten des 139. Psalms eine Quelle des Trostes, des Schutzes und des Beistands in Zeiten der Not. Mit empfänglichem Geist und offenem Herzen begrüßt ein solcher Mensch die höchste Macht, die weiß und sieht und um sein Wohl besorgt ist wie jeder liebevolle Elternteil.

Ein empfänglicher Geist trachtet bereitwillig danach, Gott als das umfassend Gute zu akzeptieren. Wie könnte dieses je schädlich sein? Im Gegenteil, es wird zur Lebensfreude und Lebenskraft. Die Freude des Herrn ist Ihre Stärke. Verzeihen Sie sich jede Vorstellung, Sie seien böse im Sinne von »schlecht«, »übel« oder »sündhaft«. Wenn Sie sich bessern möchten, ohne jemand anderen zu verletzen, sind Sie vom Bösen befreit.

Wie eine Mutter, die über ihr Kind wacht und es beschützt, verhält sich Gott gegenüber jedem von uns. Eine weitere große Wahrheit des 139. Psalms bestätigt dies: »Denn du … hast mich gebildet im Mutterleibe.« Ich danke dir dafür, dass ich wunderbar gemacht bin; wunderbar sind deine Werke; das erkennt meine Seele. Sie kamen aus dem Unsichtbaren, und als die Eizelle befruchtet war, enthielt sie den Archetyp (die Grundstruktur) eines Mannes oder einer Frau.

Aus diesem göttlichen Muster in der befruchteten Eizelle schuf die unendliche Intelligenz die Organe, Ihren ganzen Körper. Sie kennt all dessen Funktionen und Prozesse, weiß, wie jedes Organ zu heilen und wiederherzustellen ist. Begreifen, fühlen, glauben und beanspruchen Sie aus der Tiefe Ihres Geistes, Ihres

Herzens und Ihrer Seele: »Die unendliche heilsame Gegenwart durchdringt jedes Atom meines Seins, erneuert mich und schenkt mir eine äußerst belebende und strahlende Gesundheit.« Stellen Sie sich einen Fluss aus goldenem Licht vor, der durch Sie fließt vom Scheitel bis zur Sohle und Ihr Inneres erfüllt.

Wenn Sie in medizinischer Behandlung sind, so arbeiten Sie eng mit dem Arzt zusammen; denken Sie daran, seine Kompetenz und Hellsicht zu erbitten. Er wird auf göttliche Weise unterrichtet, zum richtigen Zeitpunkt die passende Methode anzuwenden. Sträuben Sie sich weder gegen ihn noch gegen das Arzneimittel. Beide besitzen ein reiches Heilwissen und wollen für Sie das Beste. Orientieren Sie Ihr Gebet an diesen Vorgaben, dann werden der Arzt und Sie auf die Wege der idealen Heilung geführt.

Der Psalmist schreibt fortwährend über die leitende und unterweisende Macht Gottes, die gewissermaßen die praktische Seite der göttlichen Gegenwart darstellt. Halten Sie sich an die zuvor genannte Art des Gebets, um sämtliche Aspekte Ihrer Persönlichkeit und Ihres Lebens zu verbessern und zu heilen. Sie werden feststellen, dass Gesundheit, Wohlstand, harmonische Beziehungen in Ihrer Erfahrung Gestalt annehmen.

Göttliche Unterweisungen werden Ihnen in Form von Eingebungen, Geistesblitzen und inneren Impulsen mitgeteilt; bald erkennen Sie, dass diese den Weg in Richtung tiefer Zufriedenheit und vollkommenem Seelenfrieden ebnen. Meditieren Sie über den 139. Psalm, diese Krone aller Psalmen, und Sie werden merken, dass die Unterweisung schon begonnen hat. Angst und Sorge verschwinden; an ihre Stelle treten Vertrauen, Zuversicht und starke, gesunde, beflügelnde, vergeistigte Gedanken, die ins Unterbewusstsein dringen und Ihnen von dort aus ein ebenso gelassenes wie glückliches Leben bescheren.

Zusammenfassung

* Die vier grundlegenden Wahrheiten lauten wie folgt: 1) Wir müssen Gott als eine Gegenwart akzeptieren, die allumfassend und überall gleichzeitig ist. 2) Aufgrund Seiner Allgegenwart wohnt Er auch uns inne. Wir sind Teil dieser Allgegenwart. Gott ist Liebe und behandelt uns als geliebte Wesen. 3) Die Gegenwart ist allwissend: Gott weiß alles, sieht alles und vergibt uns, eben weil Er Liebe ist. Haben Sie das Herz oder den Mut, an einen allwissenden Gott zu glauben, der sich wünscht, dass Sie wesentlich mehr wissen und empfangen, als Sie durch Ihn zu wissen und zu empfangen hoffen. 4) Der Psalmist macht uns mit einer Methode vertraut, die genannten Wahrheiten im Leben anzuwenden und dadurch den Zustand von

Geist und Körper sowie die Beziehung zwischen beiden zu verbessern, zu heilen und ins Gleichgewicht zu bringen.

* Gott ist allgegenwärtig – und damit Ihr wahres Leben. Ständig wartet diese Gegenwart darauf, dass Sie sie anrufen. Ungeachtet dessen, unter welchen Zwängen Sie zu leiden haben, wird diese Gegenwart und Macht als Gnade antworten, um Ihre Seele zu besänftigen und zu heilen.

* Zweck und Funktion von Gebet, Meditation und Kontemplation bestehen darin, den Geist zu reinigen und seine Inhalte ebenso wie die des Herzens unserer bewussten Leitung unterzuordnen, die gewohnten Denkmuster und Denkprozesse zu ändern – kurzum: Geist und Herz zu Schülern zu machen.

* Sie sind von Natur aus gut – ein Kind Gottes. Nehmen und erkennen Sie Ihr königliches und göttliches Erbe an! Wagen Sie zu glauben, dass Sie ein Kind des Königs aller Könige sind. Beschreiten Sie den Königsweg. Alles gehört Ihnen!

9. Kapitel

Drei Wege Zum Seelenfrieden

Man sagt, das Himmelreich gleiche einem Händler, der nach edlen Perlen sucht. Sobald er eine einzige, äußerst wertvolle Perle gefunden hat, veräußert er all seine Besitztümer, um sie zu kaufen.

Die äußerst wertvolle Perle ist unsere Wahrnehmung und unser Bewusstsein davon, dass es inmitten aller Phänomene nur eine Macht und eine Ursache gibt – den heiligen Einen, die lebendige Gegenwart des lebendigen Gottes.

Diese Perle ist unsere Empfindung und Erkenntnis, dass sämtliche Wesen und Dinge (die Erscheinungsformen des Lebens) aus einer Quelle stammen. Die Alten bezeichneten diese als »Geist«, die Mystiker als das »Göttliche«. Wir nennen sie »Leben«. Sie ist Gott in unserem Innern, der auf die Gedanken unseres Geistes, die Betrachtungen unseres Herzens, unsere Vorstellungen reagiert.

Für das klassische Altertum wie für das symbolische Denken stellten Perlen wertvolle Ideen, Vorstellungen und Ideale dar, die Geist und Herz des Menschen veredeln, beflügeln, erbauen und zu der Erkenntnis der heilenden, schöpferischen Kraft im Innern führen.

Diese bringt – gemäß unseren beherrschenden Gedanken, Auffassungen und Gefühlen – die Bedingungen, Umstände, Ereignisse und Beziehungen unseres täglichen Lebens hervor. Die Perle ist eine Metapher für Wahrheit, die uns von tief verwurzelten, einengenden Gefühlen und Einstellungen befreit.

Warum gerade die Perle? Sie wird – im Gegensatz zu Smaragd, Saphir, Rubin oder Diamant – nicht einmal als Edelstein eingestuft, sondern als weitaus weniger wertvolles Schmuckstück. Sie ist das Ergebnis einer Reizung, eines anormalen Wachstums innerhalb der Schale von Weichtieren, lebendiger Organismen. Und sie ist, soweit wir wissen, das einzige Schmuckstück, welches das Leben, die lebendige Gegenwart im Innern versinnbildlicht.

Erst wenn wir äußerst »gereizt«, unruhig und aufgewühlt sind angesichts der Art und Weise, wie das Leben uns behandelt, suchen wir wirklich nach Antworten und einem dauerhaften Gefühl von Widerstandsfähigkeit, Sicherheit und Ruhe. Also ist selbst im Zustand größter Besorgnis ein verborgener Segen oder Nutzen zu entdecken – falls wir Augen haben, ihn zu sehen, und Ohren, ihn zu hören. (Die beiden Organe verkörpern innere Bereitschaft und bewusste Wahrnehmung).

Der nachdenkliche Mensch ist mit Perlen minderer Qualität – mit vergänglichen Freuden, flüchtigem Glück – stets unzufrieden. Sind wir alle nicht Sucher? Sehnen wir uns nicht immer nach einer noch schöneren Perle? Geld ist gut, aber nicht ohne Freundschaft; Freundschaft ist gut, aber nicht ohne Hingabe an das Geistige; Hingabe an das Geistige – etwa in der Kunst – ist gut, aber nicht ohne klares Bewusstsein; ein klares Bewusstsein ist gut, aber unmöglich ohne Versöhnlichkeit. All das ist gut, ja sehr gut sogar; wir sollten es zu schätzen wissen und der heilsamen Gegenwart im Innern unseren Dank bekunden.

Doch unsere Suche gilt im Grunde jener einzigartigen Perle von höchstem oder unübertrefflichem Wert, wie die Bibel sagt, dem »Himmelreich«. Was ist das Himmelreich? Was bedeutet dieses Wort für uns? Heilige Schriften sind in einer Art symbolischem Code verfasst, und es kommt darauf an, diesen Code zu entschlüsseln, damit die verborgenen Wahrheiten zutage treten und ihren Bezug zur konkreten Wirklichkeit offenbaren können.

Moderne Exegeten sehen im Himmelreich einen Bewusstseinszustand, der in Einklang ist mit der göttlichen Gegenwart, den Gedanken Gottes, die gut (hilfreich, zuträglich oder wohltätig) sind. Das Himmelreich ist überall. Es ist die ordnungsgemäße Angleichung von Gottes Reich an Geist, Körper und Leben.

Das Himmelreich ist in jedem von uns: eine bewusste Einstellung, ausgerichtet auf den Idealzustand, den Gewinn, der uns zuteil wird, wenn wir in Anbetracht des uns oder einem geliebten Menschen gewährten Glücks ausrufen: »Das ist das Himmelreich auf Erden!« Das Himmelreich bezeichnet das Ideal, die Erde dessen Verwirklichung.

Offensichtlich ist das innere Himmelreich nicht körperlicher, sondern geistiger Natur: das Reich reiner Ideen. Die Erde wiederum verleiht solchen Ideen Gestalt.

Ein neues Bewusstsein erzeugt neue äußere Bedingungen und Umstände, die mit unseren höheren Ideen besser harmonieren, sobald wir uns diesen intensiv – das heißt unter Beteiligung von Geist, Verstand und Gefühl – widmen.

Wir sind gezwungen, unsere Gedanken, Empfindungen, Einstellungen und Ansichten über uns selbst, andere Menschen und sämtliche Dinge zu ändern. Wir müssen das, was wir jetzt (im Bewusstsein) festhalten, aufgeben zugunsten dessen, was wir uns wünschen. Wir können nicht an die schöpferische Kraft in unserem Innern glauben, wenn wir zugleich davon überzeugt sind, dass Menschen und Bedingungen über unser Leben bestimmen oder es gar verderben.

Allem Anschein nach liegt hier ein Widerspruch vor, führt dieser Weg in die Sackgasse. Das eingangs erwähnte Gleichnis gibt uns genau zu verstehen, was wir tun sollen, denn wir ähneln dem Händler, der die eine Perle von unschätzbarem Wert sucht. Wir sollen all unsere Besitztümer verkaufen, um jene zu erwerben. Eine Deutung, die an den bloßen Worten haften bliebe, hätte überhaupt keinen Sinn.

Die »Besitztümer« sind unsere vorgefassten Meinungen, überholten Ideen und alle Vorstellungen von Gott, die uns zu Günstlingen machen; außerdem unser böser Wille, unser Groll oder Zorn auf andere Menschen und uns selbst wegen der Fehler, die wir früher einmal begangen haben.

Wir haben es hier mit einer Lektion zu tun, die unsere Werte ebenso betrifft wie unsere diesbezüglichen Beurteilungen, Auswahlkriterien und Entscheidungen. Wertmaßstäbe festzulegen, ist ein wesentlicher Bestandteil der persönlichen Entwicklung. Man muss zwischen dem Echten und dem Nachgemachten, dem Wahren und dem Falschen, dem Höheren und dem Niederen, dem Wertvollen und dem Wertlosen zu unterscheiden wissen.

Es ist kein Zufall, dass die Person im biblischen Gleichnis ein Händler ist, ein Geschäftsmann, anscheinend sogar ein erfolgreicher, da er Perlen besitzt und sie feilbietet. Die Fähigkeit, Werte zu beurteilen, zeigt sich am deutlichsten auf dem Marktplatz, sowohl beim Verkäufer wie beim Käufer; noch der einfältigste

Mensch kann im Handel mit irgendeiner Ware seinen Sinn für Werte schärfen.

Der Grundsatz, das Wertvolle auszuwählen und das Wertlose abzulehnen, wohnt uns inne, und wir wenden ihn jeden Tag an. Dieser Grundsatz, dem Wertvolleren den Vorzug zu geben, erstreckt sich – wie jeder andere Grundsatz – in immer höhere Bereiche, bis hinein in die geistige Welt.

Das Himmelreich befindet sich in uns, deshalb müssen wir lernen, im Innern gute Händler unserer Gedanken und Gefühle zu sein, und mit der Sorgfalt, dem Interesse sowie dem Engagement desjenigen, der auf dem Markt investiert, unsere Wahl treffen. Entscheiden Sie sich also nur für solche Vorstellungen, die zu Ihrem Wohlergehen und Glück beitragen, und weisen Sie jene zurück, die dem zuwiderlaufen.

»Kaufen« Sie eine gute Idee, »verkaufen« Sie deren Gegenteil. Wir kaufen und verkaufen ständig. Schon oft haben Sie, wenn Ihnen etwas gefiel, erklärt: »Das kauf ich!« Dieser heilsame und zuträgliche Prozess, durch den Sie die eigenen Werte bestimmen, bildet auch die geistige Grundlage der Versöhnlichkeit. Fortwährend geben Sie etwas auf, tauschen die geringere Qualität gegen die höhere ein, erneuern Geist und Körper mit Gedanken und Worten der Wahrheit.

Eine versöhnliche Einstellung vollendet die eigentliche geistige Heilung. Sie beseitigt die Irrtümer im Denken, worauf sich in jedem Bereich des äußeren Lebens (unseres erweiterten Leibes) Harmonie einstellt, die mit dem göttlichen Geist und dem göttlichen Prinzip oder (stets verlässlichen) Gesetz übereinstimmt. Denkfehler oder falsche Auffassungen sind insofern biblische »Sünden«, als nicht erkannt wurde, dass die heilsame und schöpferische Kraft Gottes im eigenen Innern zu finden ist.

Das Gesetz ist das Prinzip der Wahrheit, und diese ist alles Gute. Der Irrtum oder die Sünde hat keine dauerhafte, bindende Macht. Wenn die Sünde echt und beständig wäre wie Wahrheit und Güte im höchsten Sinne, könnte sie weder verziehen noch berichtigt oder durch eine bessere, wirksamere Annäherung an das Leben ersetzt werden. Nur die innere göttliche Gegenwart heilt Ihren Geist, »heiligt« Sie, macht Sie gesund, ganz und vollkommen.

Sobald wir eine versöhnliche Einstellung entwickeln, geht uns ein wunderbares Licht auf, und wir sehen, was mit jenem Bibelvers gemeint ist: Der Menschensohn (jeder von uns) hat die Macht, Sünden zu vergeben. Und so verzeihen wir uns.

Eine innere Transformation ist unbedingt erforderlich, um unserer selbst willen, damit wir mit der heilsamen Gegenwart eins werden. Indem wir anderen Personen die früheren Verletzungen und Ungerechtigkeiten verzeihen, schaffen wir die Grundlage dafür, dass auch uns verziehen wird.

Dank des göttlichen Gesetzes der Versöhnlichkeit reinigen und erneuern wir unseren Geist, sodass wir auf Nachsicht hoffen können. Wenn wir die höchste aller Wahrheiten erkennen und annehmen oder »kaufen«, lieben wir Gott wirklich, aufrichtig und nachhaltig.

Die Liebe ist die reine Essenz des Seins, die unsere seelischen Wunden heilt und alles richtig stellt, was in unserem Leben falsch oder mangelhaft sein mag.

Im göttlichen Geist ist die Liebe jene Kraft, die das Universum zu einer großartigen harmonischen Einheit zusammenfügt; das ausgleichende Prinzip, das uns auf den hohen Weg der Propheten und Denker in Richtung Gesundheit, Glück, Wohlergehen und Seelenfrieden führt.

Die göttliche Liebe liebt um der Liebe willen. In dieser Hinsicht ist sie unpersönlich; genauso wie die Sonne auf die Gerechten und auf die Ungerechten scheint, steht sie jedem Menschen zur Verfügung. Wir sind hier auf Erden, um die göttliche Liebe zu würdigen und zu verkörpern. Auf sie berufen wir uns im Grunde, wenn wir daran denken, Gott um Beistand und Unterweisung zu bitten. Sie ist das größte vereinigende, intelligenteste und einzig allwissende Prinzip, das wir kennen.

Es ist die göttliche Liebe, die uns das beschert, was unser ist, die Missverständnisse klärt, die uns genesen lässt, erneuert und erfüllt. Daher ist die Liebe nichts anderes als die Einhaltung des universalen Gesetzes. Wir selbst halten das Gesetz unseres Lebens ein, sobald wir all unsere Besitztümer veräußern und das wertvollste Gut erwerben, die lebendige Gegenwart im Innern, die uns als Leitfigur, Berater, Heiler und Freund dient. Die kostbare Perle ist unser Seelenfrieden, den wir in jeder Situation bewahren.

Seelenfrieden stellt sich dadurch ein, dass wir ein ausgeprägtes Gefühl für die Gegenwart Gottes im Innern entwickeln. Der englische Dichter Alfred Lord Tennyson schrieb: »Sprich zu Ihm, denn Er hört; näher ist Er als der Atem, näher als Hände und Füße.«

Wenn wir ganz ruhig und still werden, vernehmen wir die göttliche Antwort. Ein Gefühl von Frieden durchdringt und erfüllt Geist und Herz. Man hat treffend gesagt, innerer Friede sei die Kraft im Herzen, im Zentrum Gottes und unserer selbst. Er ist die Perle, die mit der ihr eigenen prachtvollen, gelassenen, durchscheinenden Schönheit leuchtet, die das Licht in und durch und um uns strahlen lässt, sogar in der Dunkelheit (das heißt, in einer äußerst schwierigen Lage). Er ist unser Heil, die Lösung für unsere Probleme.

Interessanterweise ist auch in Zeiten der Not unsere Fähigkeit, Stärke und Macht, damit fertig zu werden, immer vorhanden. Die göttliche Liebe unterstützt uns und sorgt dafür, dass wir die Dinge gewöhnlich gut in den Griff bekommen. Meistens sind es ja die täglichen Aufgaben, Zwänge, Anforderungen, Nebensachen, Unterbrechungen und Ärgernisse, die uns so schwer zu schaffen machen.

Bisweilen brauchen wir etwas, das uns hilft, zum inneren göttlichen Zentrum zurückzukehren. Warum also kaufen wir nicht eine Perle und lassen sie einfassen? Eines meiner am meisten geschätzten Geschenke ist eine kleine, stilisierte, modernistische Kristallschale, in der sich eine Perle befindet. Auch ein bevorzugter Kunstgegenstand, den ich von sehr lieben Freunden erhielt, dient mir als Inspirationsquelle. Wenn nichts anderes mir Ruhe bringt, werde ich durch dessen sanften Glanz im Sonnenlicht an die göttliche Gegenwart erinnert. Denken Sie an die Perle. Sie ist ein Symbol Gottes, Seiner Gegenwart, des Himmelreiches, des Friedens, des Schutzes, der Vorsorge, des inneren Glücks – und all dessen, was wir im Leben für wahr und gut halten.

Das ist wahre Religion. Sie übersteigt die Theologie um ein Vielfaches. Jesus lehrte keine Theologie. Liebet Gott; vergebet den anderen und euch selbst. Die Liebe befreit, vergibt. Das ist der Geist Gottes. Jesu Ermahnung: »Verkaufet alles, was ihr habt, und folget mir« offenbart dann eine neue Dimension, nimmt eine tiefere Bedeutung an.

Den eigenen Besitz veräußern heißt, dass man verzeiht. Geben Sie das Minderwertige für das Hochwertige auf. »Wie stark ist meine Sehnsucht nach dem Ideal, das ich mir vorstelle?« Stark genug, um zu verzeihen, damit Sie die Fülle des Leben intensiver erfahren und noch mehr daran teilhaben können. Der Aufruf, Jesus zu folgen, meint, seine Anweisungen zu befolgen und seinem Beispiel zu folgen. Sie werden den Sinn und Zweck Ihres Lebens entdecken, immerzu Seelenfrieden und Glück empfinden.

Das Glück wird oft mit Erholung oder Vergnügen gleichgesetzt, und beide sind in gewissem Maße notwendig für ein ausgeglichenes Leben; doch die wirklich großen Geister der Geschichte haben darauf hingewiesen, dass Glück in schöpferischem Handeln besteht sowie darin, seinen edelsten Instinkten oder jugendlichen Idealen zu folgen und dadurch von einem mühevollen Leben, das der bloßen Selbsterhaltung dient, aufzusteigen zu einem Leben, das die Seele erfreut. Dann beachtet man die Gebote des Herzens.

Jene Menschen, die Mut bewiesen haben, indem sie ihren Eingebungen folgten und unabhängig von Konventionen nachdachten, scheinen immer etwas größer als das Leben zu sein – zum Beispiel Moses, Buddha, Platon, Jesus, Mohammed, Emerson, Einstein und andere Philosophen, Wissenschaftler, Theologen. Albert Schweitzer verband diese drei Disziplinen in seinem

Schaffen, und obwohl die meisten ihn als den selbstlosen Arzt kennen, der sein Leben der Behandlung und Heilung der Eingeborenen in den entlegenen Dschungeln Afrikas widmete, war er doch weitaus mehr als das.

In seinem Buch Legacy of Truth schrieb Dr. J. Kennedy Schultz, man bezeichne Albert Schweitzer als »einen Renaissancemenschen, der in spirituelle Dimensionen vorstieß«, nicht zuletzt wegen seiner vielfältigen Begabung als konzertierender Organist und seinem anerkannten Fachwissen über Johann Sebastian Bach. Er erhielt seine ersten beiden Doktorwürden in Theologie und ein Jahr später die in Philosophie. Er war sowohl Professor als auch hoch angesehener Bibelforscher.

Als er im Alter von 30 Jahren zu der Überzeugung gelangte, sein eigentlicher Wunsch sei es, dem Leben und den Menschen in wirklich sinnvoller Weise zu dienen, wurde er wieder Student an der Universität, die ihm eine ebenso sichere wie privilegierte Professur auf Lebenszeit übertragen hatte, und begann mit dem Medizinstudium.

Schweitzer bezeichnete diese Phase in seinem Buch Aus meinem Leben und Denken als »die strapaziösesten sieben Jahre, die ich je erlebt habe«. Vielleicht deshalb, weil er weiterhin jeden Sonntag Predigten hielt und in ganz Europa Orgelkonzerte gab, um sein Medizinstudium zu finanzieren.

Nur dank seiner ungeheuren körperlichen Robustheit und nie versiegenden Triebkraft konnte er überleben und derart brillante Erfolge erzielen. Er starb 1965 im Alter von 90 Jahren, immer noch im vollen Besitz sämtlicher Fähigkeiten und Energien, die ihm ermöglichten, die geliebten Patienten zu behandeln.

Aufgrund seiner enormen Schaffenskraft und außergewöhnlichen Bildung wurde dieser praktische Mystiker von der ganzen Welt geachtet und bewundert und mit den notwendigen Apparaturen und Arzneimitteln für sein Krankenhaus im heutigen Gabun versorgt.

Drei zentrale Vorstellungen prägten die Weltanschauung von Albert Schweitzer. Wenngleich er in erster Linie Theologe war, wollte er doch einige Wahrheiten vermitteln, die alle Menschen betreffen, ob sie religiös sind oder nicht. Zusammengefasst lauten diese Wahrheiten wie folgt:

1. Alle Menschen brauchen in jeder Lebenslage einen Sinn für das Geheimnisvolle und Ehrfurchtgebietende, für »das große Geheimnis des Ewigen«. Ungeachtet all unserer Technologie können wir kein Insekt erschaffen. »Ich möchte einem Menschen als Mensch begegnen, aufgrund der von ihm vorgegebenen Bedingungen, ihn nicht ändern oder bekehren, sondern genau so respektieren, wie er ist.«

2. Jeder Mensch braucht ein – bescheidenes oder kühnes – Ziel, um sein gottgegebenes, unendliches Potenzial zu erkennen, sowie die Hingabe an dieses Ziel, damit er vollkommen darin aufgeht. Jeder kann in gewissem Maße etwas zum Leben beitragen und die empfangenen Geschenke durch solche ersetzen, die anderen zugute kommen. Nehmen wir Anteil an den Mitmenschen und ihrem Wohlbefinden; dann schwingen wir uns in Höhen auf, deren wir uns vielleicht nicht bewusst gewesen sind.
3. Schweitzers Weltanschauung, die seinen Vorstellungen und Überzeugungen zugrunde liegt, ist denkbar einfach, doch allumfassend. Er umschrieb sie mit den Worten: »Eine Ehrfurcht vor dem Leben«. So hinterließ er uns ein Vermächtnis, bestehend aus drei großen Ideen oder »Schlüsseln«, welche die Tore unseres Geistes und unseres Herzens öffnen: Es ist ein tiefes Geheimnis, dass das Leben – der göttliche Geist – in unserem Innern, in der hiesigen Welt und im ganzen Universum existiert. Wir erreichen unser Ziel, indem wir dem Leben dienen und uns nicht nur von ihm bedienen lassen. Und: Eine Ehrfurcht vor dem Leben.

Mit dem unerschütterlichen Sinn für Verantwortung beginnen wir ein reicheres Leben und erfüllen den

Zweck unseres Daseins. »Verkaufen« wir all unsere weniger inspirierenden »Besitztümer«; »erwerben« wir die eine große Ehrfurcht vor dem Leben und jenen geistigen Frieden, der das Verstehen übersteigt und zum unvergänglichen Himmelreich auf Erden wird.

Sorge und Angst können Sie nur dann beherrschen, wenn Sie es zulassen. Sie haben die Kraft, beide aus Ihrer Seele zu verbannen. Sie tragen die göttliche Gegenwart im Innern, verfügen über die Stärke, Ihr Leben zu ändern. Durch Gebet und Meditation, durch Hingabe an Ihr geistiges Selbst, durch Vertrauen in Gott werden Sie Ihre Unruhe und Beklemmung überwinden. Wenn Sie Ihrem Bewusstsein positive Gedanken eingeben, wird Ihr Unterbewusstsein auch angesichts von Problemen positiv reagieren und Lösungen finden, die ein beglückenderes, friedlicheres und lohnenswerteres Leben zur Folge haben.

Zusammenfassung

* Sind wir alle nicht Sucher? Geld ist gut, aber nicht ohne Freundschaft; Freundschaft ist gut, aber nicht ohne Hingabe an das Geistige; Hingabe an das Geistige – etwa in der Kunst – ist gut, aber nicht ohne klares Bewusstsein; ein klares Bewusstsein ist gut, aber unmöglich ohne Versöhnlichkeit. All das ist gut, ja

sehr gut sogar; wir sollten es zu schätzen wissen und der heilsamen Gegenwart im Innern unseren Dank bekunden.

* Das Himmelreich befindet sich in uns, deshalb müssen wir lernen, im Innern gute Händler unserer Gedanken und Gefühle zu sein, und mit der Sorgfalt, dem Interesse sowie dem Engagement desjenigen, der auf dem Markt investiert, unsere Wahl treffen. Entscheiden Sie sich also nur für solche Vorstellungen, die zu Ihrem Wohlergehen und Glück beitragen, und weisen Sie jene zurück, die dem zuwiderlaufen.

* Liebe ist jene Kraft, die das Universum zu einer großartigen harmonischen Einheit zusammenfügt; das ausgleichende Prinzip, das uns auf den hohen Weg der Propheten und Denker in Richtung Gesundheit, Glück, Wohlergehen und Seelenfrieden führt.

* Vergegenwärtigen Sie sich die Weltanschauung von Albert Schweitzer, die er mit dem Ausdruck »Eine Ehrfurcht vor dem Leben« beschrieb, und setzen Sie sie in die Praxis um. Er hinterließ uns ein Vermächtnis, bestehend aus drei großen Ideen oder »Schlüsseln«, welche die Tore unseres Geistes und unseres Herzens öffnen: 1. Es ist ein tiefes Geheimnis, dass

das Leben – der göttliche Geist – in unserem Innern, in der hiesigen Welt und im ganzen Universum existiert. 2. Wir erreichen unser Ziel, indem wir dem Leben dienen und uns nicht nur von ihm bedienen lassen. 3. Eine Ehrfurcht vor dem Leben.